Daryl Sharp
Zur eigenen Tiefe finden

Daryl Sharp

Zur eigenen Tiefe finden

Eine Psychologie der Lebensmitte des Mannes

Ansata-Verlag
Rosenstraße 24
CH-3800 Interlaken
Schweiz
1990

Aus dem Englischen von Erika Ifang
Lektorat: Gerhard Juckoff

Für Dave, Ben und Tanya.

Titel der Originalausgabe:
THE SURVIVAL PAPERS
Anatomy of a Midlife Crisis
Erschienen bei Inner City Books, Toronto

Deutsche Ausgabe:

Umschlagbild: Robert Wicki
Satz: Jung Satz Centrum, Lahnau
Druck: Kösel, Kempten/Allgäu
ISBN 3-7157-0134-X

Inhalt

Nur das, was Einer wirklich ist, hat heilende Kraft.

C. G. Jung

Vorwort

Eine Krise in der Lebensmitte ist von Konflikten, Depressionen und Angst gekennzeichnet wie eine akute Neurose.

Im Gegensatz zur herkömmlichen Auffassung, derartige Symptome seien das Anzeichen für eine unproduktive Erkrankung, ist C. G. Jung der Ansicht, daß es sich dabei um Ansätze einer Selbstheilung handelt – um den Versuch einer im Grunde gesunden Psyche, ihr Gleichgewicht wiederzufinden.

«Der Zeitpunkt des Ausbruchs einer Neurose ist kein zufälliger», schreibt Jung. «In der Regel ist es ein äußerst kritischer Punkt. Es ist normalerweise der Moment, in dem eine neue psychologische Haltung, das heißt eine neue Anpassung verlangt wird.»[1]

So gesehen hat ein Persönlichkeitszusammenbruch seinen Sinn, nämlich die betreffende Person zu zwingen, sich einer neuen Bewußtseinsebene zu öffnen.

Dieses Buch stützt sich auf die Grundkonzepte der Jungschen Psychologie und will den Erfahrungswert und Sinn von Konflikten, Depressionen und anderen Symptomen erforschen, die mit den psychischen Problemen in der Lebensmitte verbunden sind.

---

[1] «Über Psychoanalyse», *Freud und die Psychoanalyse,* GW 4, Par. 563. (GW bezieht sich immer auf die *Gesammelten Werke* von *C. G. Jung* in 20 Bänden, erschienen im Walter Verlag, Olten 1958–1987.)

Einleitung

Der Mensch mit einer Neurose, der weiß, daß er neurotisch ist, ist individuierter als der Mensch ohne eine solche Bewußtheit. Der Mensch, der für seine Umwelt eine verdammte Plage ist und es weiß, ist mehr individuiert als der Mensch in seliger Unbewußtheit über sein Wesen.

C. G. Jung: *Briefe*, Bd. 3, S. 50f.

Neurosen, Lebenskrisen und Individuation

Neurose, im allgemeinen als Krankheit verstanden, und Individuation, ein gebräuchliches Wort für eine gesunde psychische Entwicklung, nebeneinanderzustellen scheint widersinnig zu sein. Und wirklich sind sie auf den ersten Blick seltsame Bettgenossen.

Nach der als Jungsche Psychologie bezeichneten Denkrichtung hingegen ist davon auszugehen, daß eine Neurose die Voraussetzung für den Individuationsprozeß ist. Warum das so ist, wird im Laufe dieses Buches deutlich werden. An dieser Stelle soll uns Jungs Kurzbeschreibung der Neurose als *Uneinigkeit mit sich selbst* und der Individuation als *bewußter Hinwendung zur psychischen Ganzheit* genügen.

Von diesem Blickwinkel aus ist die Neurose tatsächlich Anstoß und Motivation für eine psychische Entwicklung. Für den, der an den Wert einer Bewußtwerdung glaubt, sind von einer Neurose «heimgesuchte» Menschen eigentlich vom Glück begünstigt. Ein Nervenzusammenbruch ist oft der nötige Auftakt zu einem sinnvolleren, erfüllteren Leben. Eine Menge Leute wissen, wie wahr das ist, und ich gehöre dazu.

Einmal kam der Redakteur einer Lokalzeitung zu mir, um mich für einen Artikel über die verschiedenen Formen der Therapie zu befragen. Er wisse nicht viel von Jungscher Psychologie, entschuldigte er sich. Nach einem Blick auf seine Notizen sagte er: «Seid ihr nicht die Leute, die an die Desintegration der Persönlichkeit glauben?»

So hatte ich die Sache eigentlich noch nicht betrachtet, Jung aber wohl, wie ich bei näherem Nachforschen feststellte:

> Nicht durch Abspaltung wird eine Dissoziation geheilt, sondern durch Zerreißung. Alle Kräfte, die nach Einheit streben, alles gesunde Sichselberwollen wird sich gegen die Zerreißung auflehnen, und dadurch wird ihm die Möglichkeit einer inneren Vereinigung, die er früher immer außen suchte, bewußt. Er findet als sein Gut das Ungeteiltsein in sich selber.
>
> Dies ist, was zur Zeit des Lebensmittags überhaus häufig geschieht; und auf diese Weise erzwingt die merkwürdige Natur des Menschen jenen Übergang aus der ersten in die zweite Lebenshälfte.[2]

Die Frage des Reporters erinnerte mich an eine Zeit, in der ich nichts für Detroit übrig hatte. Meines Erachtens war Detroit das Symbol für materielle Werte und einen Lebensstil, den ich nicht gutheißen konnte. Deshalb kehrte ich Detroit den Rücken und tat so, als existiere es gar nicht. Trotzdem rollten weiter Autos vom Fließband.

Vieles geschieht, ob wir daran glauben oder nicht. Nervenzusammenbrüche sind eine Tatsache. Ein schlagender Beweis dafür sind die überfüllten Wartezimmer. Die eigentliche Frage ist nicht die, ob, sondern warum und mit welchem Zweck, wenn es überhaupt einen gibt.

Die *Deintegration* der Persönlichkeit verliert etwas von ihrer Bedrohlichkeit, wenn sie als Möglichkeit zum Neubeginn aufgefaßt wird statt als Endpunkt im Leben. Eine solche Haltung ist mehr als nur ein Trost für diejenigen, die diese Erfahrung machen; sie kann den Unterschied zwischen Leben und Tod bedeuten, denn sie gibt dem einen Sinn, was sonst lediglich sinnloses Leiden wäre. Das gilt besonders für die Lebensmitte, in der viele Männer und Frauen durch die Konfrontation mit ihrer eigenen Psyche in die Knie gehen.

---

[2] «Die Ehe als psychologische Beziehung», *Über die Entwicklung der Persönlichkeit,* GW 17, Par. 334.

In diesem Buch geht es weder um die spezifische Diagnose neurotischer Zustände noch um sogenannte narzißtische Persönlichkeitsstörungen. Vielmehr geht es ausschließlich um die psychologischen Faktoren, die beim akuten Ausbruch einer Neurose, die wir aus praktischen Gründen als Midlife-crisis bezeichnen, wirksam werden. Wir halten uns dabei an Jungs Empfehlung für Psychotherapeuten:

> Die Diagnose ist nämlich eine höchst irrelevante Angelegenheit, insofern damit, außer einer mehr oder weniger geglückten Namengebung für einen neurotischen Zustand, nichts gewonnen ist, namentlich nichts in punkto Prognose und Therapie... Im allgemeinen genügt die Diagnose «Psychoneurose» im Gegensatz zu organischer Störung.[3]

Eine Krise in der Lebensmitte macht sich durch das plötzliche Auftreten untypischer Stimmungen und Verhaltensmuster bemerkbar. Ähnliche Symptome können in der Pubertät, beim Eintritt ins Erwachsenenleben wie auch in vorgerücktem Lebensalter in Erscheinung treten, aber deren psychologische Interpretation steht in diesem Buch nicht zur Diskussion.

Dieses Buch soll Menschen in mittleren Jahren ansprechen, Männer wie Frauen gleichermaßen, die sich immer recht gut durchgeschlagen haben, einem Beruf nachgegangen sind, vielleicht geheiratet und Kinder haben und dann plötzlich eines Tages vor dem Nichts stehen.

Sie leiden unter schrecklichen Stimmungsschwankungen, die sie innerlich aufzehren. Sie geben sich düsteren Gedanken, Sorgen und Phantasien hin, die ihnen keine Ruhe lassen. Nach außen hin wirken sie trübsinnig. Sie verlieren ihre Tatkraft und ihren Ehrgeiz, sind geängstigt und haben das Gefühl, den Anschluß verpaßt zu haben. Häufig schreiben sie ihre Verfassung dem Verlust eines ihnen nahestehenden Menschen zu, einer unbefriedigenden Beziehung, akuten Problemen und anderen konkreten Schwierigkeiten. Sie sind unfähig, sich Veränderungen anzupassen, und können neuen oder unerwarteten Situationen nicht wie gewohnt begegnen. Manchmal liegt ein starker innerer Konflikt vor, der ihnen bewußt ist, aber oft genug ist nichts da, auf das man den Finger legen

---

3 «Medizin und Psychotherapie», *Praxis der Psychotherapie,* GW 16, Par. 195.

könnte. Waren sie vorher den Wechselfällen des Lebens gewachsen, sind sie es jetzt nicht mehr. Das Leben erscheint ihnen sinnlos. Sie leiden und denken an Selbstmord.

In der Jungschen Analyse wird Symptomen, die andere für das Hauptproblem halten – Unruhe, Konflikte, Depressionen, Angst, Schuldgefühle, Schlaflosigkeit usw. –, relativ wenig Beachtung geschenkt. Die Zeit nimmt sich ihrer an. Das wahre Problem liegt in dem Menschen begründet, der das alles erlebt. Ziel der Analyse ist es deshalb, das Seelenleben dieser Person ans Licht zu bringen.

Wie das erreicht wird, ist von Fall zu Fall verschieden. Aber der Weg aus dem neurotischen Leidensdruck zu einer neuen, gesünderen Lebensperspektive – falls es solch einen Weg überhaupt gibt, denn die Analyse ist kein Patentrezept – hängt in jedem Fall mehr von der Motivation und dem angeborenen Potential des Betreffenden ab als von dem, was der Analytiker sagt oder tut.

Das auffälligste und wohl nützlichste Symptom einer Midlifecrisis ist der Konflikt. «Der unerträglich scheinende Konflikt beweist die Richtigkeit Ihres Lebens», schreibt Jung in einem Brief. «Denn ein Leben ohne inneren Widerspruch ist entweder erst das halbe Leben, oder ein Leben im Jenseits, das aber nur für Engel bestimmt ist.»[4]

Je schärfer der Konflikt, um so größer ist der Druck, wieder eine vitale Verbindung zwischen dem Bewußtsein und dem Unbewußten herzustellen. Der Kampf, der dies in die Wege leitet, ist der Individuationsprozeß.

Der Individuationsprozeß wird durch das archetypische Ideal der Ganzheit geprägt. Wenn wir stets wüßten, was «gut» für uns ist, unsere «wahre» Richtung kennten, würden wir in vollkommener innerer Harmonie leben, in ewigem Frieden, im Tao. So sieht das im Grunde unerreichbare Ziel aus, das so begehrenswert ist, daß es uns oft blind macht für den Wert und die Notwendigkeit des Weges, der zu ihm hinführt.

Jung sagt dazu: «Das Ziel ist nur als Idee wichtig, wesentlich aber ist das *Opus* (die Arbeit an einem selbst), das zum Ziel hinführt: es erfüllt die Dauer des Lebens mit einem Sinn.»[5]

Mit anderen Worten: Ziel des Individuationsprozesses ist nicht

---

[4] C. G. Jung: *Briefe,* Walter Vlg., Olten 1972, Bd. 1, S. 463.

[5] «Die Psychologie der Übertragung», *Praxis der Psychotherapie,* GW 16, Par. 400.

die Überwindung der eigenen psychischen Bedingtheit – vollkommen zu werden –, sondern sich damit vertraut zu machen.

Viele Männer und Frauen sind auf den Weg der Individuation gezerrt worden, haben dabei um sich getreten und geschrieen und die sogenannten normalen Leute beneidet, die anscheinend keine Probleme haben. Hier wird Unbewußtheit mit Ganzheit verwechselt. Ganzheit, zumindest in dem Maße, wie sie dem Menschen möglich ist, wird nur durch Selbstprüfung erreicht, und ohne eingestandene Probleme gibt es nichts zu prüfen.

Wer in seiner Lebensmitte in eine Krise gerät, steht vor einer zwingenden inneren Notwendigkeit – dem psychologischen Imperativ, zur eigenen Tiefe zu finden. Vor dieser Verpflichtung können wir uns kaum drücken. Jung zitiert eine Stelle aus Goethes *Faust,* wo Mephisto Faust wegen seiner plötzlichen Regung, zu einem «einfachen Leben» zurückzukehren, verhöhnt:

> Gut! Ein Mittel, ohne Geld
> Und Arzt und Zauberei zu haben:
> Begib dich gleich hinaus aufs Feld,
> Fang an zu hacken und zu graben,
> Erhalte dich und deinen Sinn
> In einem ganz beschränkten Kreise,
> Ernähre dich mit ungemischter Speise,
> Leb mit dem Vieh als Vieh, und acht' es nicht für Raub,
> Den Acker, den du erntest, selbst zu düngen.[6]

Jung kommentiert: «Gewiß hindert ihn niemand, eine Zweizimmerwohnung auf dem Lande zu beziehen, einen Garten umzuspaten und rohe Rüben zu essen. Aber seine Seele lacht über diesen Betrug.»[7]

Das einfache Leben steht nur denen zur Wahl, die durch äußere Umstände daran gebunden sind. Wir anderen alle haben in Wahrheit nur zwei Möglichkeiten: entweder bereitwillig und bewußt oder als unglückliche Opfer an unserem eigenen Individuationsprozeß teilzunehmen.

«Damit will gesagt sein, daß einer, der die Bestimmung hat, in einen tiefen Schacht hinunterzusteigen, besser daran tut, mit allen

---

[6] «Individualität und Kollektivpsyche», *Zwei Schriften über Analytische Psychologie,* GW 7, Par. 258.

[7] Ebenda.

Vorsichtsmaßnahmen an dieses Unterfangen heranzugehen, als daß er es darauf ankommen läßt, rücklings in das Loch hinunterzufallen», schreibt Jung.[8]

Der Sinn einer Midlife-crisis

Im Deutschen Universalwörterbuch wird «Neurose» definiert als eine «hauptsächlich durch unverarbeitete Erlebnisse entstandene psychische Störung, die sich auch in körperlichen Funktionsstörungen äußern kann». Das klingt nicht gerade verheißungsvoll, und mit keinem Wort wird angedeutet, daß die Neurose auch einen Nutzen oder Sinn haben könnte. Es spiegelt einfach die allgemeine Ansicht wider, daß eine Neurose eine Erkrankung ist, etwas Ungesundes, eine «Störung». So gesehen entspringt sie ganz und gar dem medizinischen Modell einer physischen Erkrankung, demzufolge Krankheiten «Störungen» oder pathologische Abweichungen von der Norm sind; sie sind lediglich dazu da, kuriert zu werden.

Im Rahmen dieses kausalen Denkmodells haben psychische Symptome die gleiche Funktion wie zum Beispiel Kopfschmerzen. Sie geben Auskunft über die Art der ihnen zugrundeliegenden Erkrankung, die dann entsprechend bekämpft wird. Wir werfen also munter Tranquilizer ein, um eine Depression zu verscheuchen.

Jung hingegen vertritt die Ansicht, daß der Ausbruch einer Neurose uns die Gelegenheit bietet, bewußt zu werden, daß heißt zu dem Menschen zu erwachen, der wir im Gegensatz zu dem sind, der wir zu sein glauben. Durch die Neurose und ihre Begleiterscheinungen werden wir mit unseren Grenzen konfrontiert – aber ebensogut können wir dabei auch unsere Stärken und unsere wahre Natur entdecken. Unter diesem Gesichtspunkt wirkt die Neurose wie ein Wecker und spielt eine eher positive Rolle, die die Mediziner und viele Laien ihr nicht zugestehen wollen.

1935 hielt Jung in London vor Ärzten eine Reihe von Vorträgen. In einer Fragestunde kam es zu folgendem Dialog:

> *Frage:* «Darf ich Professor Jung eine ganz elementare Frage stellen? Würden Sie uns eine Definition der Neurose geben?»

---

[8] «Christus, ein Symbol des Selbst», *Aion,* GW 9/2, Par. 125.

Jung: «Die Neurose ist eine auf die Existenz von Komplexen zurückzuführende Dissoziation der Persönlichkeit. Komplexe zu haben, ist an und für sich normal; wenn aber die Komplexe inkompatibel werden, dann wird jener Teil der Persönlichkeit, der dem bewußten Teil allzusehr entgegengesetzt ist, abgespalten...

Da die abgespaltenen Komplexe unbewußt sind, können sie sich nur auf indirektem Weg ausdrücken, nämlich durch die neurotischen Symptome... Jede charakterliche Inkompatibilität kann eine Dissoziation bewirken; eine zu starke Spaltung zwischen der Denk- und der Fühlfunktion zum Beispiel ist schon eine leichte Neurose. Wenn man bezüglich einer bestimmten Sache nicht ganz eins mit sich selbst ist, nähert man sich einer neurotischen Situation...»

Frage: «Wir dürfen also annehmen, Professor Jung, daß Sie den Ausbruch einer Neurose als einen Versuch zur Selbstheilung ansehen, als Versuch zur Kompensation durch das Heraufbringen der minderwertigen Funktion?»

Jung: «Ganz richtig.»

Frage: «Wenn ich recht verstehe, ist also der Ausbruch einer neurotischen Krankheit vom Standpunkt der menschlichen Entwicklung aus als etwas Positives anzusehen.»

Jung: «So ist es, und ich bin froh, daß Sie dieses Thema aufwerfen. Nach meiner Auffassung ist es tatsächlich so... Es gibt viele Fälle, in denen wir sagen müssen: ‹Gott sei Dank konnte er sich dazu entschließen, neurotisch zu werden.› Die Neurose ist wirklich ein Versuch zur Selbstheilung, genauso wie jede physische Krankheit zum Teil ein Versuch zur Selbstheilung ist... Sie ist ein Versuch des selbstregulierenden psychischen Systems, das Gleichgewicht wieder herzustellen, genau wie der Traum – nur eben stärker und drastischer.»[9]

Nach Jungs Überzeugung werden bei einer psychischen Krise in dem Bestreben, die einseitige Einstellung des Bewußtseins zu kompensieren, automatisch unbewußte Inhalte aktiviert. Das gilt für jede Altersstufe, nur ist es im allgemeinen in der ersten Lebenshälfte nicht nötig, sich mit dem zu befassen, was Jung das Problem der Gegensätze nennt – die Unvereinbarkeit zwischen Einstellungen des Ichs und dem, was im Unbewußten vor sich geht.[10]

«Die Neurosen junger Leute entstehen», bemerkt Jung, «in der

[9] «I. Über Grundlagen der Analytischen Psychologie, Fünfte Vorlesung», *Das symbolische Leben,* GW 18/1, Par. 382–389.

[10] «Es gibt keine Form menschlicher Tragik, die nicht gegebenenfalls aus diesem Kampf des Ich gegen das Unbewußte hervorginge», schreibt Jung.

Regel aus einem Zusammenstoß zwischen den Mächten der Realität und einer ungenügenden, infantilen Einstellung, welche kausal durch eine abnorme Abhängigkeit von den realen oder imaginären Eltern ... charakterisiert ist.»[11] In diesen Fällen schließt eine Therapie in der Regel die Übertragung des Elternbildes auf geeignetere Ersatzfiguren sowie Anregungen zur Entwicklung eines starken Ichs ein.

Beim Menschen der zweiten Lebenshälfte «geht die Entwicklung aber nicht mehr über die Lösung von infantilen Bindungen, Zerstörung von infantilen Illusionen und Übertragung der alten Bilder auf neue Figuren, sondern sie geht über das Gegensatzproblem».[12] So ist die Fähigkeit, die aus einem inneren Konflikt entstehenden Spannungen auszuhalten, von größter Bedeutung; sie ist jedoch ganz davon abhängig, daß sich bereits ein starkes Ich gebildet hat.

Jungs sogenannte synthetische oder zweckhafte Auffassung von der Neurose ist nicht unbedingt unvereinbar mit der reduktiven Sicht der traditionellen Psychoanalyse, derzufolge psychische Probleme in erster Linie sexueller Art sind und von Ödipuskonflikten in der Kindheit herstammen. Richtiger wäre es, die beiden Standpunkte als komplementär zu bezeichnen: Freud sucht in der Vergangenheit nach den Ursachen in der Gegenwart zutage tretender psychischer Störungen, während Jung sich auf die Gegenwart konzentriert und dabei zukünftige Möglichkeiten ins Auge faßt.

Jung hat die Freudsche Theorie, daß sich ödipale Fixierungen später im Leben als Neurose äußern können, nie in Frage gestellt. Er war ebenfalls der Meinung, daß gewisse Lebensabschnitte und besonders die Kindheit oftmals einen anhaltenden, bestimmenden Einfluß auf die Persönlichkeit haben. Er wies lediglich auf die Zweifelhaftigkeit dieser Erklärung in Fällen hin, bei denen bis zum Zusammenbruch nicht die Spur von Neurose aufgetreten ist.

> Wenn tatsächlich eine Fixierung bestände, so müßten wir erwarten, daß ihr Einfluß konstant bliebe; mit anderen Worten: eine lebenslange Neurose wäre die Folge. Dies ist offensichtlich nicht der Fall.

(«Analytische Psychologie und Weltanschauung», *Die Dynamik des Unbewußten,* GW 8, Par. 706.)

11 «Das Problem des Einstellungstypus», *Zwei Schriften über Analytische Psychologie,* GW 7, Par. 88.

12 Ebenda, Par. 91.

> Die psychologische Determinierung einer Neurose ist nur zum Teil einer frühkindlichen Prädisposition zuzuschreiben; sie muß auch eine gegenwartsbezogene Ursache haben. Und wenn wir das Wesen der kindlichen Phantasien und Betätigungen, auf die der neurotische Mensch fixiert ist, genau untersuchen, so werden wir feststellen können, daß ihnen nichts spezifisch Neurotisches anhaftet. Normale Menschen haben so ziemlich die gleichen inneren und äußeren Erfahrungen und können in erstaunlich hohem Maße auf diese fixiert sein, ohne eine Neurose zu entwickeln.[13]

Woran liegt es dann, daß der eine in seiner Lebensmitte eine Krise durchmacht, der andere hingegen unter möglicherweise gleich schwierigen Umständen nicht? Jungs Antwort auf diese Frage lautet, daß die individuelle Psyche sowohl ihre Grenzen als auch ihre Möglichkeiten kennt. Wenn die Grenzen überschritten oder die Möglichkeiten nicht wahrgenommen werden, kommt es zum Zusammenbruch. Die Psyche handelt selbst, um die Situation zu klären.

Jungs Energiekonzept

Außer von der Hypothese einer Fixierung ging Freud davon aus, daß die inzestuösen Triebe des Ödipuskomplexes die Hauptursache für die typische Regression des Neurotikers in kindliche Phantasien seien.

Nachdem sich Jung einige Jahre lang dieser Ansicht angeschlossen hatte, brach er 1913 schließlich mit Freuds Wiener Schule der Psychoanalyse und führte ein Energiekonzept in die Psychologie der Neurose ein:

> Alle psychologischen Erscheinungen können als Manifestationen von Energie betrachtet werden, ebenso wie alle physikalischen Phänomene als Energie-Erscheinungen angesehen werden, seit Robert Mayer das Gesetz von der Erhaltung der Energie entdeckt hat. Subjektiv und psychologisch wird diese Energie als *Verlangen* oder *Wunsch* gedacht. Ich nenne sie *Libido,* wobei ich das Wort in seiner ursprünglichen Bedeutung verwende, die sich keineswegs nur auf das sexuelle Gebiet beschränkt ...

---

13 «Über Psychoanalyse», *Freud und die Psychoanalyse,* GW 4, Par. 564.

> Von einem umfassenderen Standpunkt aus kann man Libido als lebenswichtige Energie im allgemeinen oder als Bergsons «élan vital» verstehen.[14]

Psychische Vorgänge verlaufen analog zu physischen Vorgängen, sagt Jung; beide können entweder von einem mechanistischen oder einem energetischen Standpunkt aus betrachtet werden:

> Die mechanistische Anschauung ist rein kausal und begreift das Geschehnis als Folge aus einem Grunde, in der Weise nämlich, daß unveränderliche Substanzen nach festen Gesetzen ihre Beziehungen zueinander ändern.
>
> Die energetische Anschauung dagegen ist im wesentlichen final... Der energetische Ablauf hat bestimmte Richtung (Ziel), indem er unabänderlich (irreversibel) dem Potentialgefälle folgt.[15]

Jung hielt beide Auffassungen für gültig, je nach Einzelfall. «Die *Opportunität,* das heißt die *Erfolgsmöglichkeit,* allein entscheidet, ob diese oder jene Betrachtungsweise den Vorrang erringt.»[16]

Was die Neurose betrifft – die Jung ebenso wie Freud mit einer Blockierung der Libido in Zusammenhang brachte –, wird nach der mechanistischen oder reduktiven Methode das Problem bis zu einer Hauptursache zurückverfolgt, während die energetische oder finale (zweckorientierte) Methode fragt, welche Absicht die Psyche als solche wohl haben könnte, wohin die Energie wohl zu fließen «wünsche».

Wie bereits erwähnt, geht Jung davon aus, daß in der Psyche, ähnlich wie in der physischen Welt, Energie erhalten bleibt. Dabei bezieht er sich auf das Äquivalenzprinzip, ein physikalisches Gesetz, wonach für eine bestimmte Menge Energie, die zur Herstellung eines bestimmten Zustandes verbraucht oder konsumiert wird, die entsprechende Menge der gleichen oder einer anderen Art von Energie irgendwo in Erscheinung tritt.

Psychologisch bedeutet das: Wo an einer Stelle ein Energieüberschuß besteht, ist irgendeine andere psychische Funktion verkürzt worden; umgekehrt muß die Libido, wenn sie, wie bei einer De-

---

[14] Ebenda, Par. 567f.

[15] «Über die Energetik der Seele», *Die Dynamik des Unbewußten,* GW 8, Par. 2f.

[16] Ebenda, Par. 6.

pression, «verschwindet», in anderer Form wieder auftreten, zum Beispiel als ein Symptom.

> Wenn immer wir sehen, daß ein Mensch irgendeinen Spleen, eine krankhafte Überzeugung oder irgendeine übertriebene Position hat, so wissen wir: Hier ist zuviel Libido, also ist das, was zuviel ist, irgendwo anders weggenommen, wo infolgedessen zuwenig ist ... Die Symptome einer Neurose nämlich sind als übertriebene, das heißt als übersetzte und dadurch verstärkte Funktionen aufzufassen.
>
> Eine umgekehrte Fragestellung nötigen uns diejenigen Symptomenkomplexe auf, welche vorzugsweise durch Ausfall charakterisiert sind, zum Beispiel apathische Zustände; hier fragt es sich, wo denn die Libido angewendet sei ... Und so ist es mit diesen Patienten: Ihre Libido ist vorhanden, jedoch nicht sichtbar und für die Patienten selber nicht zugänglich ... Aufgabe der Psychoanalyse ist es, den versteckten Ort zu finden, an dem die Libido sich befindet ... Dieser versteckte Ort ist das «Nichtbewußte», das man auch als das «Unbewußte» bezeichnet, ohne damit irgendeinen mysteriösen Sinn zu verknüpfen.[17]

Obwohl Jung zugab, daß reduktive Interpretationen einer Neurose nützlich sein können, zog er selbst doch das energetische oder finale Konzept vor, das seines Erachtens für jede Theorie einer psychologischen Entwicklung unerläßlich ist. Nach der kausalen Betrachtungsweise ist eine Regression beispielsweise durch eine Mutterfixierung bedingt. Aber nach der finalen Betrachtung «regrediert die Libido», wie Jung schreibt, «zur *Imago* der Mutter, um dort die Erinnerungsassoziationen aufzufinden, über welche die Entwicklung beispielsweise aus einem sexuellen System in ein geistiges erfolgen kann».[18]

Der Unterschied zwischen der persönlichen Mutter und der «Imago» der Mutter ist der Unterschied zwischen einem Komplex und einem archetypischen Bild. Hinter dem Komplex – dem Zusammenwachsen emotionaler Assoziationen mit der persönlichen Mutter – steht alles, was je in der Geschichte der Menschheit mit «Mutter» in Zusammenhang gebracht wurde: der Archetyp der Mutter.

---

[17] «Darstellung der psychoanalytischen Theorie: Der Libidobegriff», *Freud und die Psychoanalyse,* GW 4, Par. 254f.

[18] «Über die Energetik der Seele», *Die Dynamik des Unbewußten,* GW 8, Par. 43.

Regredierte Energie aktiviert nicht allein persönliche Erinnerungen, sondern auch archetypische Bilder und Symbole beispielsweise der «Mutter», die nie persönlich erlebt wurden.

«Was der kausalen Betrachtung *Tatsache* ist, ist der finalen *Symbol,* und umgekehrt. Alles was der einen Ansicht *eigentlich* ist, ist der anderen *uneigentlich*», betont Jung.[19]

Eine ausschließlich kausal orientierte Sicht der Neurose könne, so Jung, die Entwicklung hemmen, da sie die Libido an die Vergangenheit und an elementare Fakten bindet (zum Beispiel eine Fixierung auf die persönliche Mutter). Die finale Sicht hingegen fördert die Entwicklung, indem sie Ursachen in Mittel zum Zweck verwandelt, in einen «symbolischen Ausdruck des Weges, der vor einem liegt».

> Die seelische Entwicklung kann durch Absicht und Willen allein nicht geschehen, sondern bedarf des attraktiven Symbols, dessen Wertquantum (d.h. die investierte Energie) das der causa übersteigt. Die Bildung des Symbols kann auch nicht eher erfolgen, als die Seele nicht lange genug bei den elementaren Tatsachen verweilt hat, das heißt so lange, bis die innere oder äußere Notwendigkeit des Lebensprozesses eine Energieumsetzung herbeiführt.[20]

Diese Umwandlung von Energie ist, wie wir noch sehen werden, der Kernpunkt der Jungschen Vorstellung davon, was in einer Neurose geschieht. Sie schließt sowohl das zuvor schon erwähnte Äquivalenzprinzip wie auch das Gesetz der Entropie ein, nach dem die Umwandlung von Energie in einem geschlossenen System nur infolge von Unterschieden in der Energiedichte zwischen den verschiedenen Elementen des betreffenden Systems möglich ist.

Wenn man beispielsweise ein Glas heißes Wasser mit kaltem Wasser mischt, hat man am Ende warmes Wasser. Die Energieübertragung vom einen zum anderen führt zu einer Angleichung der Unterschiede. Innerhalb des Systems findet eine Umwandlung statt.

Dieses Prinzip hat Jung unter besonderer Berücksichtigung dessen, was sich in einer Konfliktsituation ergibt, auf die Psyche angewandt:

---

[19] Ebenda, Par. 45.

[20] Ebenda, Par. 47.

> Wir sehen diesen Vorgang zum Beispiel bei der Ausbildung einer dauernden und relativ unveränderlichen Einstellung. Nach anfänglich heftigen Schwankungen gleichen sich die Gegensätze aus, und es entsteht allmählich eine neue Einstellung, deren spätere Stabilität um so größer ist, je größer die anfänglichen Differenzen waren. Je weiter die Spannung der Gegensätze, desto größer ist die daraus hervorgehende Energie ...
>
> Die tägliche psychologische Erfahrung liefert Beweise für die Richtigkeit dieses Satzes: schwerste Konflikte, wenn überwunden, hinterlassen eine Sicherheit und Ruhe oder Gebrochenheit, die kaum mehr zu stören, beziehungsweise kaum mehr zu heilen ist, und umgekehrt bedarf es gerade größter Gegensätze und deren Konflagration zur Hervorbringung wertvoller und dauerhafter Erfolge.[21]

Jung verglich den Strom der Libido mit einem Fluß: «Die Libido ist ein natürliches penchant; sie ist wie das Wasser, das ein Gefälle haben muß, um fließen zu können.»[22] Das ist bei einer Krise in der Lebensmitte, bei der der Energiestrom blockiert ist, eine eminent praktische Überlegung. Das Problem im Einzelfall ist nur, das richtige Gefälle zu finden.

Dabei geht es nicht um eine Willensanstrengung oder darum, verstandesgemäß einen Gegenstand oder eine Richtung zu wählen, wohin die Energie dann fließen soll. «Die Frage ist: Was ist es, das aus diesem Individuum in diesem Augenblick als ein natürlich gewachsener Fortschritt des Lebens hervorgeht?» schreibt Jung.[23]

Damit erhebt sich in aller Regel ein moralisches Dilemma, das einen bereits vorhandenen Konflikt noch vertieft, und genau das ist erforderlich. «Es gibt aber keine Energie, wo keine Gegensatzspannung besteht», schreibt Jung. «Daher muß der Gegensatz zur Einstellung des Bewußtseins aufgefunden werden.»[24] Dazu ist es nötig, psychische Inhalte ans Licht zu bringen, die unterdrückt worden sind.

---

[21] Ebenda, Par. 49 f.

[22] «Symbole der Mutter und der Wiedergeburt», *Symbole der Wandlung,* GW 5, Par. 337.

[23] «Die Struktur des Unbewußten», *Zwei Schriften über Analytische Psychologie,* GW 7, S. 324.

[24] «Das Problem des Einstellungstypus», *Zwei Schriften über Analytische Psychologie,* GW 7, Par. 78.

> Das Verdrängte muß aber bewußt werden, damit eine Gegensatzspannung entstehe, ohne welche keine Weiterbewegung möglich ist. Das Bewußtsein ist gewissermaßen oben, der Schatten unten, und da Hoch immer nach Tief strebt und Heiß nach Kalt, so sucht jedes Bewußtsein, ohne es vielleicht zu ahnen, nach seinem unbewußten Gegensatz, ohne den es zu Stagnation, Versandung oder Verholzung verurteilt ist. Nur am Gegensatz entzündet sich das Leben.[25]

Anpassung und Zusammenbruch

Der Entwicklungsprozeß vom Kind zum Erwachsenen bringt eine zunehmende Anpassung an die Außenwelt mit sich. Wann immer die Libido eines Menschen während des Anpassungsprozesses auf ein Hindernis trifft, akkumuliert sich Energie und bewirkt normalerweise vermehrte Anstrengungen zur Überwindung des Hindernisses.

Aber wenn das Hindernis unüberwindlich scheint und der betreffende Mensch den Versuch aufgibt, es zu überwinden, regrediert die aufgestaute Energie, das heißt, sie kehrt zu einem früheren Anpassungsstadium zurück. Dadurch wiederum werden, so Jung, infantile Phantasien und Wünsche reaktiviert:

> Die besten Beispiele für solche Regressionen finden sich bei Hysterie-Fällen, wenn eine Enttäuschung in Liebe oder Ehe eine Neurose bewirkt hat. Hierbei gibt es die bekannten Verdauungsstörungen, Appetitlosigkeit, Magenkrankheitssymptome aller Art usw.... (oder es ist) statt dessen ein regressives Wiederaufleben von Erinnerungen aus ferner Vergangenheit festzustellen. Wir finden da eine Reaktivierung der Elternbilder, des Ödipuskomplexes. Nun werden die Erlebnisse der frühen Kindheit plötzlich wichtig – was sie früher nicht waren. Sie sind durch Regression reaktiviert worden. Entfernt man das Hindernis vom Lebensweg, dann bricht dieses ganze System infantiler Phantasien zusammen und wird so untätig und wirkungslos wie zuvor.[26]

Aus diesen Gründen erklärte Jung, er suche die Ursache einer Neurose nicht in der Vergangenheit, sondern in der Gegenwart: «Ich

---

25 Ebenda.

26 «Über Psychoanalyse», *Freud und die Psychoanalyse,* GW 4, Par. 569.

frage danach, welches die notwendige Aufgabe sei, die der Patient nicht erfüllen will.»[27] Anders ausgedrückt heißt das im Hinblick auf den oben erwähnten Entwicklungsprozeß, daß «die psychologische Störung bei einer Neurose und die Neurose selbst als *mißlungener Anpassungsversuch* bezeichnet werden kann».[28]

Wie bereits angedeutet, weicht diese Auffassung von Neurose stark von der klassischen Freudschen Auffassung ab, ohne jedoch im wesentlichen das zu verändern, was im Verlauf der Analyse geschieht. Die Phantasien müssen immer noch ans Licht gebracht werden, da die Energie, die der Mensch zu seiner Gesundheit braucht – das heißt zur Anpassung – damit verknüpft ist. Aber das Ziel ist nicht, eine vermutete, der Neurose zugrundeliegende Ursache aufzudecken, sondern eine Verbindung herzustellen zwischen dem Bewußtsein und dem Unbewußten. Nur so wird die abgespaltene Energie zur Erfüllung der «notwendigen Aufgabe», vor der die Person zurückschreckt, zugänglich gemacht.

«Von diesem Standpunkt aus betrachtet», schreibt Jung, «erscheint die Psychoanalyse nicht mehr als bloße Rückführung des Individuums zu seinen primitiven Sexualwünschen, sondern, wenn sie richtig verstanden wird, als eine hochmoralische Aufgabe von unermeßlichem erzieherischen Wert.»[29]

Jungs Auffassung von der Neurose als einem Versuch der Selbstheilung – die Freud bis zu einem gewissen Grad teilte – und seine Anwendung der Energieerhaltungs-Theorie auf psychologische Erscheinungen sind Grundpfeiler für die Praxis der analytischen Psychologie.

Eine Grundannahme im Falle einer Depression ist beispielsweise die, daß die dem Bewußtsein nicht verfügbare Energie nicht einfach verschwunden ist, sondern eifrig unbewußte Inhalte aufrührt, die im Hinblick auf die psychische Gesundheit ans Licht gebracht und untersucht werden müssen.

Während also ein wohlmeinender Freund einem depressiven Menschen raten mag, sich zu zerstreuen – «geh öfter aus, sei gesellig, hör auf, über dich selbst nachzugrübeln» –, sieht der Analytiker in der Depression, ja in jeder übermächtigen Gemütsverfassung, eine Herausforderung, das aufzuspüren, was im Innern vorgeht.

[27] Ebenda, Par. 570.
[28] Ebenda, Par. 574.
[29] Ebenda, Par. 575.

Daher wird der Betreffende angehalten, in sich zu gehen und sich der Stimmung ganz zu überlassen, statt zu versuchen, ihr zu entfliehen.

Im normalen Lebensablauf gibt es eine relativ einfache Libido-Progression, das heißt, die Energie kann mehr oder weniger willentlich gelenkt werden. «Unter Progression ist zunächst das tägliche Weiterschreiten des psychologischen Anpassungsprozesses zu verstehen», schreibt Jung.[30] Das ist allerdings nicht mit Entwicklung gleichzusetzen; Progression bezeichnet einfach den ununterbrochenen Lebensfluß oder -strom.

Um die Anforderungen der Anpassung zu erfüllen, muß eine den gegebenen Umständen angemessene Haltung gefunden und eingenommen werden. Solange sich die Umstände nicht verändern, besteht auch kein Grund zu einer Einstellungsveränderung. Aber da Umstände sich nun einmal verändern, ob plötzlich oder allmählich, gibt es keine Einstellung, die auf Dauer angemessen wäre.

Jede Veränderung in der Umgebung erfordert eine neue Anpassung, die umgekehrt wieder eine Veränderung der Einstellung – die zuvor im großen und ganzen angemessen war – nötig macht. Aber eine angemessene Haltung – die unter den gegebenen Umständen funktioniert – ist unweigerlich durch eine gewisse Einseitigkeit gekennzeichnet und deshalb nur schwer zu verändern. Wenn eine bestimmte Einstellung einer äußeren Situation nicht länger angemessen ist, sind die Voraussetzungen für eine Neurose da.

> Zum Beispiel die Fühleinstellung, welche mittels Einfühlung den Wirklichkeitsanforderungen nachzukommen sucht, kann leicht einer Kondition begegnen, die nur mittels einer Denkeinstellung, das heißt eines vorgängigen, denkenden Begreifens erfüllt werden kann. In diesem Fall versagt die Fühleinstellung. Damit hört auch die Progression der Libido auf. Das vorher vorhandene Lebensgefühl erlischt, dafür steigert sich der psychische Wert gewisser Bewußtseinsinhalte in unangenehmer Weise, subjektive Inhalte und Reaktionen drängen sich vor, der Zustand wird affektiv und zu Explosionen geneigt.[31]

---

[30] «Über die Energetik der Seele», *Die Dynamik des Unbewußten,* GW 8, Par. 60.

[31] Ebenda, Par. 61.

Derartige Symptome zeigen eine Libidostauung an, die immer durch ein Auseinanderbrechen von Gegensatzpaaren charakterisiert ist.

> Während der Progression der Libido sind die Gegensatzpaare geeint im koordinierten Ablauf der psychologischen Vorgänge .. In der Libidostauung, wo die Progression unmöglich geworden ist, können sich Ja und Nein nicht mehr zu einem koordinierten Akt vereinigen, indem Ja und Nein gleiche Werte erlangen, die sich gegenseitig das Gleichgewicht halten ... Die Spannung führt zum Konflikt, der Konflikt führt zu gegenseitigen Verdrängungsversuchen, und wenn die Verdrängung der Gegenpartei gelingt, dann ist die *Dissoziation,* die «Spaltung der Persönlichkeit», das Uneinssein mit sich selber eingetreten und damit eine Möglichkeit der Neurose geschaffen.[32]

Der Kampf zwischen den Gegensätzen würde unvermindert weitergehen, wenn nicht mit Ausbruch des Konflikts der Regressionsprozeß, die Rückwendung der Libido, einsetzen würde.

> Durch das Aufeinanderprallen der Gegensätze tritt eine allmähliche Entwertung der Gegensatzpaare ein ... In dem Maße, als der Wertverlust der bewußten Gegensätze weiterschreitet, erhöht sich der Wert aller derjenigen psychischen Prozesse, welche hinsichtlich der Anpassung nicht in Betracht kommen und deshalb selten oder nie zu bewußter Verwendung gelangen.[33]

Sowie der Energiewert dieser zuvor unbewußten psychischen Prozesse steigt, äußern sie sich indirekt als Störungen des bewußten Verhaltens, zum Beispiel in dem, was Freud als symptomatische Handlungen beschrieb, und in jenen emotionalen Symptomen, die für eine Neurose charakteristisch sind.

Nach Jungs Auffassung bergen, da der Libidostauung ein Fehler in der dominanten bewußten Einstellung zugrunde liegt, die durch Regression reaktivierten unbewußten Inhalte den Keim einer neuen Progression in sich. Nach der Jungschen Typologie[34] ist in den unbewußten Inhalten die entgegengesetzte Einstellung bereits inbegriffen, und, mit den minderwertigen Funktionen, potentiell

---

32 Ebenda.

33 Ebenda, Par. 62.

34 Siehe Kapitel 5.

in der Lage, die unzulängliche bewußte Einstellung zu kompensieren oder gar zu ersetzen.

> Wenn das Denken als Anpassungsfunktion versagt, weil es sich um eine Situation handelt, an die man sich nur durch Einfühlung anpassen kann, so enthält das durch Regression aktivierte unbewußte Material eben die fehlende Fühlfunktion, aber noch in embryonaler respektive archaischer und unentwickelter Form. Gleicherweise wird beim entgegengesetzten Typus die Regression eine die versagende bewußte Einfühlung wirksam kompensierende Denkfunktion im Unbewußten aktivieren.[35]

Infolgedessen wird man durch die Regression der Energie entgegen der ursprünglichen Anpassungsschwierigkeit an äußere Umstände mit dem Problem der eigenen Psyche konfrontiert. Mit Jungs Worten: «Die Regression führt zur Notwendigkeit der Anpassung an die Seele, die psychische Innenwelt.»[36]

Markante Aspekte der Psyche, deren man sich in einer solchen Situation bewußt werden muß, sind die Persona (das «Ich», das man der Außenwelt präsentiert), der gegengeschlechtliche Komplex (das Weibliche im Mann, die Anima, und das Männliche in der Frau, der Animus) und der Schatten (alles von einem selbst, sei es gut oder schlecht, das entweder unterdrückt oder nie bewußt geworden ist).

So gesehen ist die Regression kein abnormes Symptom, sondern eine für den Entwicklungsprozeß ebenso nötige Phase wie die Progression.

Aus dieser Beschreibung mag nun der Eindruck entstehen, Progression von Energie – die Anpassung an äußere Umstände – sei begrifflich analog mit Extraversion, und Regression – die erforderliche Anpassung an innere Zustände – sei vergleichbar mit Introversion. Laut Jung ist dies jedoch nicht der Fall:

> Progression ist eine im Sinne der Zeit vorwärtsschreitende Lebensbewegung. Diese Bewegung kann in zwei verschiedenen Formen stattfinden, entweder *extravertiert,* wenn die Objekte, das heißt die Umweltbedingungen, die Art und Weise der Progression vorwie-

---

[35] «Über die Energetik der Seele», *Die Dynamik des Unbewußten,* GW 8, Par. 65.

[36] Ebenda, Par. 66.

> gend beeinflussen, oder *introvertiert,* wenn die Progression sich den Bedingungen des Ich (genauer des «subjektiven Faktors») bequemen muß. Ebenso kann die Regression auf zwei Arten erfolgen, entweder als ein Rückzug von der Außenwelt (Introversion) oder als eine Flucht in extravagantes äußeres Erleben (Extraversion). Ein Mißerfolg versetzt den einen in einen Zustand dumpfen Brütens, den anderen treibt er in die Wirtshausbummelei.[37]

Jetzt dürfte klar geworden sein, inwieweit Jungs Auffassung von Neurose als einem Versuch der Selbstheilung auf der Überzeugung beruht, daß die Psyche ein System mit Selbstregulierung ist.

Hierin stimmt er mit der allgemeinen Erfahrung überein, daß beispielsweise in einer Konfliktsituation Vorschläge und gutgemeinter Rat keine anhaltende Wirkung haben.

«Eine wirkliche Konfliktlösung ist nur die innere», schreibt Jung, «indem man nämlich den Patienten zu einer anderen Einstellung bringt.»[38]

In der Praxis muß der Konflikt auf einer Charakterebene beigelegt werden, wo die Gegensätze in genügendem Maße berücksichtigt werden, «was wiederum nur möglich ist durch Veränderung des Charakters ... Äußerliche Lösungen sind in solchen Fällen schlechter als gar keine.»[39]

Auf der folgenden Seite nun eine zusammenfassende Darstellung all dessen, was sich bei einer Krise in der Lebensmitte psychologisch ereignet. Die nachfolgenden Kapitel vertiefen das hier angesprochene Thema weiter und zeigen am Beispiel eines bestimmten Menschen auf, wie der Prozeß der Selbstregulierung funktioniert.

---

[37] Ebenda, Par. 77.

[38] «Psychotherapeutische Zeitfragen: ein Briefwechsel», *Freud und die Psychoanalyse,* GW 4, Par. 606.

[39] Ebenda, Par. 607.

Die Selbstregulierung der Psyche

1. Anpassungsschwierigkeiten. Probleme der Energieprogression.

2. Regression der Libido (Depressionen, Mangel an verfügbarer Energie).

3. Aktivierung unbewußter Inhalte (infantile Phantasien, Komplexe, archetypische Bilder, minderwertige Funktionen, entgegengesetzte Einstellungen, Schatten, Anima/Animus usw.). Kompensation.

4. Bildung neurotischer Symptome (Verwirrung, Angst, Unruhe, Schuldgefühle, Stimmungsschwankungen, emotionale Reaktionen usw.).

5. Unbewußter oder halbbewußter Konflikt zwischen Ich und reaktivierten Inhalten des Unbewußten. Innere Spannungen. Abwehrhaltung.

6. Aktivierung der transzendenten Funktion unter Einbeziehung des Selbst und archetypischer Ganzheitsmuster.

7. Bildung von Symbolen (Numinosität, Synchronizität).

8. Energieübertragung zwischen unbewußten Inhalten und dem Bewußtsein. Erweiterung des Ichs, adäquatere Progression der Energie.

9. Integration unbewußter Inhalte. Der Individuationsprozeß.

1
Anfangsschwierigkeiten

Wenn ein innerer Tatbestand nicht bewußt gemacht wird, dann ereignet er sich als Schicksal außen . . .

C. G. Jung, *Aion*, GW 9/2, Par. 126

Werdezeiten haben Schwierigkeiten. Es ist wie eine Erstgeburt. Aber diese Schwierigkeiten entstehen aus der Fülle dessen, was nach Gestaltung ringt. Es ist alles in Bewegung begriffen, darum ist trotz der vorhandenen Gefahr Aussicht auf großen Erfolg . . . Ebenso ist es von großer Wichtigkeit, daß man nicht allein bleibt. Man muß Gehilfen haben, um gemeinsam mit ihnen das Chaos zu bewältigen.

I Ging, 3. Hexagramm: «Die Anfangsschwierigkeit»

Norman saß weinend in meinem Wartezimmer. Wie ich später erfuhr, hatte er dort schon fast eine Stunde auf seinen Termin gewartet. Meine Sekretärin hatte ihm eine Tasse Tee gegeben. Seine Hände zitterten, und er hatte etwas Tee auf seine Hose verschüttet.

Ich geleitete ihn hinein, und er sank auf einem Lederohrensessel in sich zusammen.

Es war unsere erste gemeinsame Sitzung. Er war nicht unbedingt der seltsamste Vogel, den ich in meiner 15jährigen Tätigkeit als Psychoanalytiker zu sehen bekam. Aber er war auch nicht gerade ein Normalfall. Er hatte lange Haare und einen ordentlich gestutzten Kinn- und Schnurrbart. Er mochte Ende Dreißig sein, wirkte aber zehn Jahre jünger. Seine Kleidung, ein Sporthemd unter einem leichten Wollpullover, war sauber. Die modischen Schuhe schienen ein bißchen fehl am Platz. Seine Augen waren rot und verschwollen.

«Tut mir leid», sagte er und schneuzte sich die Nase. «Ich habe zu weinen angefangen, als ich in den Bus gestiegen bin. Ich konnte nicht mehr aufhören, warum, weiß ich nicht. Ich bin zu früh da, weil ich nicht wußte, wo ich sonst hingehen sollte.»

Ich sagte nichts.

«Mir geht's gar nicht gut», sagte er. «Vor ein paar Tagen bin ich weinend aufgewacht und habe seitdem kaum mehr damit aufgehört. Ich bin froh, daß Sie mich ohne langes Warten angenommen haben. Ich weiß nicht mehr, woran ich glauben soll. Ich bin so verflucht durcheinander. Vielleicht bin ich verrückt. Manchmal denke ich, ich wäre lieber tot. Ich weiß nicht, was ich machen soll.»

Er hatte eine abgegriffene Ledertasche dabei. Er öffnete sie und nahm ein Notizbuch heraus.

«Dabei geht's mir im Leben wirklich gut, mit Frau und zwei Kindern. Sie bedeuten mir alles. Ohne sie würde ich sterben.»

Er fing wieder an zu weinen. «Ich falle auseinander», sagte er.

«Wir sind seit sechs Jahren glücklich verheiratet. Ich liebe meine Frau, ich würde sie um alles in der Welt nicht verlassen.» Er zuckte die Achseln. «Sicher, ich war mit anderen Frauen zusammen, aber sie haben mir nichts bedeutet. Ich könnte nicht leben ohne meine Familie.» Er sah mich trotzig an. «Ich bin nicht wegen der Familie hier. Das Problem liegt bei mir. Meine Kinder sind wunderbar. Meine Frau ist die beste Mutter der Welt. Sie liebt mich, sie würde mich nie verlassen, das weiß ich.»

Wir saßen eine Weile schweigend da. Ich beobachtete ihn. Er starrte die Wand an. Ich bildete mir ein Urteil, überlegte, ob ich mit diesem Mann arbeiten wollte. Er hing seinen eigenen Gedanken nach.

«Ich glaube, alles fing vor etwa zwei Jahren an, als meine Frau mir sagte, sie würde nicht gern mit mir schlafen.» Er schneuzte sich wieder die Nase.

«Ich hatte keine Ahnung davon», sagte er.

«Na ja, das stimmt nicht ganz. Nach dem ersten Jahr oder so merkte ich wohl doch, daß sie kein Interesse mehr hatte. Aber es gab mir einen Stich ins Herz, als sie es aussprach. Ich war gerade geschäftlich in Detroit. Ich rief von meinem Hotel aus bei ihr und den Kindern an. Ich bleibe gern auf dem laufenden. Bei mir war ein Mädchen, ich weiß nicht mehr, wie sie hieß. Meine Frau sagte: ‹Bitte komm nach Hause, wir müssen miteinander reden.› ‹Worüber?› fragte ich. ‹Über Sex›, sagte sie. ‹Es klappt nicht mehr zwischen uns.› Sie weinte, ich weinte. Ich ließ Geschäft Geschäft sein und flog sofort heim.»

Norman schaute auf sein Notizbuch. «Seitdem ist alles anders. Wir haben darüber gesprochen, aber es gab nicht viel zu bereden. Ich habe mit meinen Frauengeschichten Schluß gemacht – na ja, die Stewardeß und das Barmädchen in Cincinnati nicht mitgerechnet – und ein paar Bücher über Stellungen gelesen. Es hat sich nicht geändert. Sie hat sich nicht verweigert, o nein. Hat sie nie. Sie war immer für mich da. Aber es macht ihr immer noch keinen Spaß.» Er putzte sich die Nase.

«Damit konnte ich leben. Es war zwar nicht leicht, aber es ging. Wir haben die gleichen Auffassungen, wir tun alles gemeinsam. Sex ist nicht *so* wichtig, das weiß ich. Wir sind das perfekte Paar, jeder beneidet uns.»

Er blickte mich mit einigem Stolz an.

«Doch vor ungefähr einem Jahr fing sie etwas mit einem anderen Mann an. Ein netter Typ, Künstler. Wir sind seit Jahren mit Boris und seiner Frau befreundet. Wir spielen zusammen Bridge. Ich hatte das Gefühl, daß etwas lief, aber sie sagte nein, es sei reine Einbildung von mir.

Dann fand ich Liebesbriefe – aber ich konnte ihr nichts davon sagen, weil sie wütend geworden wäre, wenn sie gewußt hätte, daß ich in ihren Sachen herumschnüffle. Wie dem auch sei, ich glaube, sie hat ein Recht auf ein bißchen Spaß. Natürlich bin ich eifersüchtig, aber das ist mein eigenes Problem. Ich weiß, daß er keine Bedrohung für unser gemeinsames Leben darstellt. Ich würde alles tun, um die Dinge wieder ins rechte Lot zu rücken.»

Tränen liefen ihm über das Gesicht. Er kümmerte sich nicht darum.

«Ich habe ihnen monatelang nachspioniert. Ich habe mich im Gebüsch versteckt, ihre Telefonate abgehört. Ich schäme mich, aber ich kann einfach nicht anders. Ich habe immer ein Gefühl, als läge mir ein Stein im Magen, und ich frage mich, was sie wohl vorhaben. Ich darf gar nicht daran denken, daß sie keine Lust hat, mit mir zu schlafen, und es dann mit jemand anders tut! Deshalb bin ich hier. Ich müßte es akzeptieren können. Ich will keine Besitzansprüche stellen. Irgend etwas stimmt mit mir nicht.»

Er zog ein paar Bilder hervor. «Das ist meine Frau Nancy, und hier die Kinder – Ian, fünfeinhalb, und Jennifer, vier –, und das ist unser Haus.

Ich habe eine gute Stellung, aber in letzter Zeit habe ich nicht mehr viel arbeiten können. Wenn es mir schlecht geht, rauche ich im Keller einen Joint. Dann rufe ich mir in Erinnerung, wie es einmal war, wie glücklich wir waren. Manchmal hilft das, und manchmal geht es mir danach noch schlechter.»

«Wie haben Sie mich denn gefunden?» fragte ich. «Warum kommen Sie zu einem Jungianer?»

«Einem was?»

«Einem Jungschen Analytiker.»

Norman wischte sich die Augen. «Sie sind mir von einem Freund empfohlen worden.»

Er sah mich tieftraurig an. «Ich bin deprimiert. Ich schlafe schlecht. Das Essen schmeckt mir nicht mehr, und ich habe überhaupt keine Energie. Also, was soll ich Ihrer Meinung nach tun?»

Ich wußte auch nicht, was Norman tun sollte, aber ich war aus höchst egoistischen Gründen froh, daß er zu mir gekommen war.

Mein Leben und meine Arbeit waren Routine geworden. Ich hatte nur noch eine vage Vorstellung von der stillen Verzweiflung, die mich vor zwanzig Jahren in die Psychoanalyse getrieben hatte. Norman kam gerade richtig, um mich an meine eigene Vergangenheit und Entwicklung zu erinnern, durch die ich Jungscher Analytiker geworden war. Es hatte einmal eine Zeit gegeben, in der mir Selbstmord eine verlockende Alternative zu der Art von Leben zu sein schien, die ich führte.

Norman steht mitten im Feuer. Er ist ein gebrochener Mann. Er hat alle Symptome einer Midlife-crisis: Angst, Depressionen, Selbstmitleid und Schuldgefühle; er kann nicht mehr essen und nicht mehr schlafen; er hat keine Energie und ist durcheinander. Immerhin ist ihm klar, daß es ihm schlecht geht, das ist sein einziges Plus. Es stimmt, daß er bis jetzt noch nicht weiß, welcher Art und wie schwer sein Problem ist, aber er ist eindeutig am Ende. Und gerade daß er am Boden ist, macht ihn zum vielversprechenden Kandidaten für die Psychoanalyse.

Norman und seine Frau unterhalten eine symbiotische Beziehung, aus der beide ab und zu ausbrechen, die sie jedoch nicht abbrechen würden. Seine Familie ist für Norman sein ein und alles; ohne sie könnte er nicht existieren. Er fühlt sich von seiner Frau zurückgewiesen, kann jedoch nichts daran ändern; wie schlecht es ihm auch gehen mag, er sieht keine Möglichkeit, ohne sie auszukommen. Er kann seine Situation nicht klar einschätzen, denn sobald er darüber nachdenkt, wird er von Gefühlen übermannt.

Wie in der Einleitung über die Entwicklung der Neurose beschrieben, ist Normans Libido zum Stillstand gekommen. Er ist kaum noch zum Nötigsten fähig. Seine äußeren Umstände haben sich verändert, aber er ist nicht in der Lage, sich anzupassen. Die Gefühle stimmen nicht mehr, und denken kann er nicht mehr klar. Seine Energie regrediert und aktiviert dabei infantile Phantasien von einem verlorenen Paradies – einer guten emotionalen Beziehung zu seiner Frau. Um diese wiederherzustellen, ist er bereit, sich zu ändern.

In Norman wütet ein untergründiger Konflikt. Er ist sich dessen noch nicht bewußt, aber wenn es nicht so wäre, hätte er nicht schon tagelang geweint und schließlich zu mir gefunden. An diesem Punkt allerdings sind all seine Verteidigungsmechanismen darauf ausgerichtet, ihn vor der Erkenntnis zu bewahren, daß es mit dem Leben, wie er es kannte, vorbei ist. Er will nur «die Dinge wieder ins rechte Lot rücken», das heißt die Uhrzeiger bis in die Zeit zurückdrehen, als er sich noch geliebt fühlte.

Norman bezahlt eine hübsche Summe für die Sitzungen bei mir. Er braucht Hilfe. Er sucht nach einer Lösung für sein Problem, und er ist der aufrichtigen Überzeugung, daß ich sie finden kann. Aber wenn ich wüßte, was Norman tun sollte, wäre ich Gott. Glücklicherweise kann ich mich zu solcher Aufgeblasenheit nicht mehr hinreißen lassen.

Ich höre Norman zu und sage keinen Ton. Ich sehe seine Tränen. Ich höre, was ihn quält. Ich empfinde keine Sympathie, bin aber auch nicht ungerührt. Das emotionale Chaos, das er darbietet, hat eine eigentümliche Wirkung auf mich. Einerseits läßt es mich ziemlich kalt; andererseits habe ich allmählich selbst ein Gefühl, als läge mir ein Stein im Magen. Norman fängt an, mich zu interessieren. Unter der Oberfläche sind wir Brüder. Seine äußeren Umstände sind anders als meine in seinem Alter, aber unsere Psychologie ist gar nicht so unterschiedlich. Ich sehe und höre förmlich mich selbst vor zwanzig Jahren.

Damals teilte ich die weitverbreitete Meinung, die Psychoanalyse sei eine Kur, der man sich für eine gewisse Zeit unterwirft, um dann als geheilt entlassen zu werden. Das ist eine Phantasievorstellung, an der viele Leute noch immer hängen. Sie ist aus der Frühzeit der Psychoanalyse übriggeblieben, als man noch dachte, das Unbewußte enthalte nur verdrängte Inhalte, und man könne, sobald diese bewußt gemacht und wiedererlebt (abreagiert) würden, bis an sein Lebensende glücklich sein.

Doch das Unbewußte erweist sich als unerschöpflich. Wir mögen zwar wie Schwimmer im Ozean über die Wogen hinweggleiten, aber aus der Tiefe steigt dauernd etwas Neues. Wie in der Psyche, so ist es auch im Leben: Wir stehen dauernd vor der Notwendigkeit, uns neuen Umständen anpassen zu müssen.

Ich weiß, daß Norman die falsche Einstellung zu seiner Lage hat. Das sage ich ihm jedoch nicht, denn er wüßte gar nicht, wovon ich spreche. Es muß ihm selbst zu Bewußtsein kommen; es muß in ihm wachsen wie eine Rose in einem Rübenbeet. Er muß leiden, bis er in sich eine Einstellung findet oder aufwallen fühlt, die dem, was er ist, und dem Leben, wie er es vorfindet, besser angepaßt ist. Dazu braucht er Zeit. Sein Leiden ist eine Folge des Konflikts, der ihm noch nicht bewußt ist. Ich weiß, daß sich eine dauerhafte Lösung nur nach heftigem Leiden einstellt; es zeigt an, in welchem Maße das Leben unerträglich geworden ist. Leiden allein allerdings genügt nicht – es muß auch der Wille da sein, etwas dagegen zu unternehmen.

Ich sage nichts, was Normans Qual lindern könnte, denn im Augenblick ist er genau da, wo er sein sollte. Er fühlt sich mies, aber er hat die Möglichkeit, zur Besinnung zu kommen. Selbst wenn ich sein Problem wegzaubern könnte, würde ich es nicht tun.

Jeder Konflikt zeigt Gegensatzprobleme an. Die «Gegensätze» beziehen sich, allgemein gesagt, auf das Ich und das Unbewußte. Dies trifft immer zu, ob der Konflikt nun als innerlich anerkannt wird oder auch nicht, da Konflikte mit anderen Menschen und besonders mit dem eigenen Partner im Grunde nichts weiter als Externalisierungen eines unbewußten Konfliktes in einem selbst sind. Solange dieser nicht bewußt gemacht wird, reagiert man ihn an anderen ab.

Das nennt man Projektion, und in Kapitel 3 gehe ich genauer darauf ein. An dieser Stelle jedoch wollen wir uns erst einmal mit der Psychologie des Konflikts befassen.

Das Unbewußte birgt in sich den Gegensatz zu jeder bewußten Einstellung. Es besteht keine Möglichkeit, ihn mit Gewalt hervorzuzerren; er widersetzt sich solchen Versuchen. Darum ist der Analyseprozeß unproduktiv, bis ein akuter Konflikt vorliegt. Solange das äußere Leben verhältnismäßig reibungslos verläuft, ist es nicht nötig, sich auf das Unbewußte einzulassen. Wenn aber nicht, kommt man nicht mehr daran vorbei; dann wird man automatisch mit der anderen Seite konfrontiert.

Die klassische Konfliktsituation ist gegeben, wenn die Möglichkeit besteht oder die Versuchung da ist, mehr als einen Handlungsweg zu beschreiten. Theoretisch mögen viele Entscheidungsmöglichkeiten offenstehen. In der Praxis jedoch liegt normalerweise ein Konflikt zwischen zwei Möglichkeiten vor, die beide jeweils eine ganze Reihe von Konsequenzen nach sich ziehen.

Wohl am qualvollsten sind Konflikte, bei denen es um Pflichten oder um die Entscheidung zwischen Sicherheit und Freiheit geht. Solche Konflikte lösen große innere Spannungen aus. Solange sie nicht bewußt sind, äußern sich die Spannungen in körperlichen Symptomen, besonders in Bauch-, Rücken- und Halsbeschwerden. Ein bewußter Konflikt hingegen wird als moralischer oder ethischer Druck erlebt.

Normans Problem sitzt für den Augenblick noch im Bauch.

Konflikt ist das Merkmal einer Neurose, aber ein Konflikt muß deshalb nicht unbedingt neurotisch sein. Im Leben prallen von Natur aus widersprüchliche Verpflichtungen und unvereinbare Wünsche aufeinander. Entscheidungen müssen getroffen werden. Mancher Konflikt ist bis zu einem gewissen Grad sogar wünschenswert, denn ohne ein gewisses Maß an Spannung zwischen dem Ich und dem Unbewußten gerät der Lebensstrom ins Stocken. Konflikt wird nur dann neurotisch, wenn er sich festsetzt und einen in seinen Funktionen behindert.

Ich selbst habe mich in Konfliktsituationen oft bei einer Phantasievorstellung ertappt: Ich stellte mir vor, irgendwo gäbe es ein dickes Buch geballter Weisheit mit dem Titel *Was zu tun ist.* Darin wären die vorgeschriebenen Lösungen für alle Probleme des Lebens enthalten. Wenn man in irgendeiner Verlegenheit wäre, brauchte man bloß in diesem Buch nachzuschlagen und sich an den entsprechenden Rat zu halten. Eine solche Phantasievorstellung entspringt einem Vaterkomplex. Wenn es ein derartiges Buch gäbe, brauchte ich nicht selbst nachzudenken, sondern nur der überlieferten Weisheit gemäß zu handeln.

In Wahrheit gibt es für ernste Probleme nur individuelle Lösungen.

Viele kleinere Probleme sind dem Verstand zugänglich; sie lassen sich durch eine vernünftige Entscheidung lösen. Schwerwiegende Konflikte verschwinden nicht so leicht; im Gegenteil, sie entstehen oft gerade durch eine einseitig rationale Einstellung und verschärfen sich deshalb beim Versuch einer rein verstandesmäßigen Lösung noch, statt dadurch behoben zu werden. Wo das der Fall ist, ist die Frage angebracht: «Aber was *will* ich denn eigentlich?» Diese Frage zielt darauf ab, die Fühlfunktion – sie bestimmt, was uns etwas wert ist – anzusprechen und einzubeziehen, denn bei einem ernsten Konflikt besteht unweigerlich eine Kluft zwischen Denken und Fühlen. Wenn das Gefühl nicht bewußt an dem Konflikt teilhat, muß es eingebracht werden. Das gleiche gilt für das Denken.

Jungs besonderer Beitrag zur Konfliktpsychologie war sein Hinweis, daß bei einem Menschen, der imstande ist, die Spannung zwischen den widerstreitenden Gegensätzen aufrechtzuerhalten, allmählich etwas in der Psyche in Gang kommt, um den Konflikt erfolgreich beizulegen. Die äußeren Umstände mögen unverändert bleiben, aber in dem betreffenden Menschen vollzieht sich ein Wandel. Dieser Wandel, der im wesentlichen irrational und unvorhersehbar ist, tritt als neue Einstellung sowohl zu einem selbst als auch zu anderen in Erscheinung; die zuvor im Zustand der Unschlüssigkeit gefangene Energie wird freigesetzt, und es kommt zu Bewegung. Jung bezeichnet dies als transzendente Funktion, weil das, was geschieht, über die widerstreitenden Gegensätze hinausgeht, sie also transzendiert.

An diesem Punkt ist es so, als stünde man auf einem Gipfel und beobachtete einen wilden Sturm in der Tiefe unten – der Sturm mag weitertoben, aber man steht darüber; man ist bis zu einem gewissen Grad objektiv und nicht mehr emotional hineinverwickelt. Ein Gefühl des Friedens breitet sich aus.

Dieser Prozeß erfordert Geduld und ein starkes Ich, das die Spannung auszuhalten vermag, ohne aus lauter Verzweiflung, um ihr zu entgehen, eine Entscheidung zu fällen. Sie würde leider nichts verändern, denn wenn eine Entscheidung vorzeitig fällt – wenn die Spannung nicht lange genug gehalten werden konnte –, wird die andere Seite, die nicht wahrgenommene Möglichkeit, noch stärker hervortreten, und schon steht man wieder mitten im Feuer.

Norman ist wie eine formlose, auslaufende Pfütze. Es ist überhaupt nicht zu sagen, ob er die Spannung wohl halten kann.

Wenn zwei unvereinbare Möglichkeiten zur Wahl stehen, ist es psychologisch in Wirklichkeit so, daß zwei getrennte Persönlichkeiten im Spiel sind. Man kann sie sich als verschiedene Aspekte seiner selbst denken oder, etwas vornehmer ausgedrückt, als personifizierte Komplexe.

Komplexe sind normal und bei jedem Menschen vorhanden; ohne sie existiert kein Leben, denn die Komplexe sind die Bausteine der Persönlichkeit, wie die Atome und Moleküle die unsichtbaren Bestandteile fester Körper sind. Komplexe werden wir nicht los. Wir können uns allenfalls bewußt machen, wie sie uns beeinflussen und unsere bewußten Absichten durchkreuzen. Wenn wir sie verstehen, verlieren sie ihre Macht über uns. Sie verschwinden zwar nicht, aber mit der Zeit lockert sich ihr Griff.

Als ich zum ersten Mal zur Analyse ging, wußte ich nichts von Komplexen. Ich hatte das Wort schon einmal gehört, meist in negativem Sinne, wußte jedoch nicht, was es bedeutet. Ich hatte etwas über den Ödipuskomplex gelesen und verstand, daß es sich dabei um Vatermord handelte, damit man seine Mutter ganz für sich haben konnte.

Einige Monate später, nachdem ich eine Menge Jung gelesen hatte, wußte ich bestens über Komplexe Bescheid. Ich hatte gelernt, daß es sich um gefühlsbetonte Vorstellungen handelt, die sich mit den Jahren um bestimmte Bilder ranken, zum Beispiel «Vater» und «Mutter». Ich wußte auch, daß sie einen archetypischen Kern besitzen: Hinter den emotionalen Assoziationen zur persönlichen Mutter steht noch ein Mutter-Archetypus – ein kollektives Bild von Nahrung und Sicherheit einerseits (die positive Mutter) und vom Besitzergreifen und Verschlingen andererseits (die negative Mutter).

Ich brachte noch immer nicht Komplexe mit meinem eigenen Leben und meiner Verzweiflung in Verbindung.

Als ich in Zürich Psychologie studierte, um Psychoanalytiker zu werden, mußten wir einmal ein Wortassoziations-Experiment durchführen. Dieser «Test» war von Jung entwickelt worden, um zu demonstrieren, wie unbewußte Faktoren die Funktion des Bewußtseins zu stören vermögen.

Dazu gehört eine Liste mit hundert Wörtern, und bei jedem Wort muß man sagen, was einem spontan dazu einfällt. Der Versuchsleiter mißt die Zeit, bis die betreffende Antwort kommt (die Reaktionszeit) mit einer Stoppuhr.

«Kopf» – «Kissen» (0,8 Sek.)
«Heiraten» – «zusammen» (1,7 Sek.)
«Frau» – «Freund» (2 Sek.)
«Heim» – (lange Pause) «keins» (5,6 Sek.)
und so weiter.

Dann geht man die Liste ein zweites Mal durch und notiert anderslautende Antworten zu den gleichen Wörtern. Schließlich wird man gebeten, sich zu den Antworten zu äußern, für die man überdurchschnittlich lange gebraucht hat, die man rein mechanisch gegeben hat oder die vom ersten Durchgang abwichen; diese und noch einige mehr hatte der Fragesteller als «Komplex-Indikatoren» markiert.

Mir ging ein Licht auf, aber es war zugleich eine ernüchternde Erfahrung. Mir wurde klar, daß ich nicht Herr im eigenen Haus war, daß es Komplexe nicht nur in Wirklichkeit gab, sondern daß sie in mir ziemlich autonom, von meinem Willen unabhängig, schalteten und walteten. Mir wurde klar, daß sie meine Erinnerungen, meine Gedanken, meine Stimmungen und mein Verhalten beeinflussen konnten. Ich konnte nicht in aller Freiheit ich selbst sein – es *gab* kein «Ich» –, wenn ich in einem Komplex befangen war.

Freud nannte die Träume den *Königsweg* zum Unbewußten; Jung zeigte, daß der Königsweg zum Unbewußten eher der Komplex ist, der Baumeister sowohl der Träume als auch der Symptome.

Wann immer ein starkes Gefühl da ist – sei es Liebe, Trauer oder Freude –, ist ein Komplex aktiviert worden. Wenn wir emotional sind, können wir nicht mehr klar denken, ja wir wissen kaum, wie wir uns fühlen. Wir sprechen und handeln aus dem Komplex heraus, und wenn er seinen Willen bekommen hat, wundern wir uns, was eigentlich in uns gefahren ist.

Ohne Komplexe wäre das Leben stumpfsinnig, das ist wahr. Aber sie zehren an unserer Energie. An die Stelle eines fundierten Urteils und einer angemessenen Gefühlsreaktion tritt eine Leere. Komplexe füllen diese Leere mit Bitterkeit, Ressentiments, Verärgerung, Selbstmitleid, Unruhe, Angst und Schuldgefühlen. Solange uns das unbewußt ist, sind wir einem Komplex nach dem anderen ausgeliefert und werden davon überwältigt, besessen und angetrieben. Das ist die Situation der Neurose.

Norman hat mit Sicherheit Komplexe. Sonst steckte er nicht im Konflikt und würde keine Qualen leiden. Etwas – oder jemand, wenn wir Komplexe noch weiter personifizieren – hält ihn davon ab, eine Entscheidung zu treffen, die seine Lage verändern und ihm seine Seelenruhe wiedergeben würde.

Welcher Komplex treibt Norman an? Ich weiß es nicht mit Bestimmtheit, aber es ist auch nicht meine Aufgabe, das zu identifizieren, worin er gefangen ist, sondern seine. Die Regression seiner Energie hat ein Sammelsurium von Komplexen aktiviert. Es dauert unter Umständen Jahre, bis er sie voneinander unterscheiden kann. Bis dahin vergebe ich mir nichts, wenn ich vorläufig einfach einmal auf einen aktiven Mutterkomplex tippe. Einen Blumentopf könnte ich damit allerdings auch nicht gewinnen.

Norman ist so tief in die Welt der Erscheinungen und Projektionen eingebettet, daß ich ihn als Theseus im Labyrinth des Königs Midas sehe. Wo ist das Garnknäuel, das ihn hinausgeleiten könnte? Was ist das für eine Aufgabe, die Norman nicht vollbringen will oder kann?

Das alles spielt sich natürlich nur in meinem Kopf ab. Norman leidet, aber er hat nicht das Gefühl, in der Falle zu sitzen, und er weiß nichts von Mythologie. Aber wenn er sich in den Keller schleicht, um einen Joint zu rauchen, denkt er oft an Selbstmord.

Inzwischen erzählt Norman mir ungefähr zum dritten Mal, wieviel ihm seine Familie bedeutet. Er ist unauflöslich verheiratet. Ich finde ihn keineswegs unglaubwürdig. Norman sieht sich als Familienmensch und verantwortlichen Vater, und das ist er auch, trotz seiner Seitensprünge. Obwohl er sich schrecklich elend fühlt, hat er Todesangst, ohne Frau und Kinder auskommen zu müssen. Er wüßte nicht, was er ohne sie anfangen sollte. Darin sieht Norman einen starken Familiensinn, denn das ist seine Persona.

Normans Frau hat eine Affäre mit einem anderen Mann, aber er hat vor, sich damit abzufinden, weil er ein kultivierter Verstandesmensch ist. Das ist die Persona. Wissentlich würde er seiner Frau nichts mißgönnen, was sie braucht und was er ihr nicht geben kann. Auch das ist die Persona. Ihm käme es nie in den Sinn, Frau und Kinder wegen einer solchen Geringfügigkeit wie sexueller Differenzen zu verlassen. Das ist ebenfalls die Persona.

Viele Jahre vor meiner Beschäftigung mit der Psychoanalyse war ich ein Schriftsteller, der sich mühsam durchschlug. Das war meine Persona, die Art und Weise, wie ich mich sah und anderen Menschen gegenüber gab. Genauer gesagt, ich existierte außerhalb davon überhaupt nicht. Und so tippte ich in einer kleinen Hütte am Ende des Gartens jahrelang vor mich hin und identifizierte mich mit allen anderen Schriftstellern, die sich mühsam durchgeschlagen hatten. Ich war enttäuscht, daß niemand veröffentlichte, was ich schrieb, frohlockte jedoch gleichzeitig in Erwartung des Tages, an dem ich entdeckt werden würde. Diese Persona habe ich auf meinem Weg längst verloren, aber ich weiß noch, welches Gefühl sich mit ihr verband.

Jung beschreibt die Persona als einen Aspekt der kollektiven

Psyche, das heißt, es ist nichts Individuelles daran. Sie mag ein individuelles *Gefühl* hervorrufen – ein wirklich spezielles, einzigartiges Gefühl –, aber Bezeichnungen wie etwa «sich mühsam durchschlagender Schriftsteller» oder «Vater», «Lehrer», «Doktor» sind zum einen einfach nur gesellschaftliche Identitäten und zum anderen Idealvorstellungen. Sie kennzeichnen keine bestimmte Person; sie machen keinen Unterschied zwischen dem einen Doktor, Vater, Lehrer und dem anderen.

Mit jeder Persona sind bestimmte Attribute und Verhaltensweisen sowie kollektive Erwartungen verknüpft, die zu erfüllen sind: Ein sich mühsam durchschlagender Schriftsteller zum Beispiel ist ein ernsthafter Denker kurz vor dem Durchbruch, ein Lehrer eine Respektsperson, die sich der Wissensvermittlung verschrieben hat, ein Doktor ist weise und kennt sich in den verborgenen Geheimnissen des Körpers aus, ein Priester ist Gott nahe und moralisch untadelig, eine Mutter liebt ihre Kinder und würde ihr Leben für sie hingeben, ein Buchhalter ist ein Rechengenie, aber gefühlsarm, usw.

Darum sind wir schockiert, wenn wir von einem Lehrer lesen, der eine Schülerin belästigt hat, von einem Arzt, der des Drogenmißbrauchs bezichtigt wird, von einem Geistlichen, der Alkoholiker ist, einer Mutter, die ihr Kind ertränkt oder einem Buchhalter, der die Bücher fälscht, um Spielschulden zu begleichen.

In Normans Fall heißt das: Ein Familienvater läßt seine Familie nicht im Stich.

Die Entwicklung einer kollektiv als richtig angesehenen Persona beinhaltet stets einen Kompromiß zwischen dem, was wir unseres Wissens sind, und dem, was von uns als sozialen Wesen erwartet wird, einschließlich einer gewissen Wohlerzogenheit und eines unauffälligen Verhaltens.

Es ist eigentlich nichts auszusetzen an einer Persona. Ursprünglich verstand man darunter eine Maske, die Schauspieler zur Verdeutlichung einer bestimmten Rolle trugen. So betrachtet, ist sie von Vorteil bei gesellschaftlichen Aktivitäten. Sie ist auch nützlich als schützende Tarnung. Gute Freunde mögen uns so kennen, wie wir sind; die übrige Welt kennt nur das, was wir ihr zu zeigen bereit sind. Ohne eine wie auch immer geartete «äußere Hülle» sind wir einfach zu verletzlich. Nur die Dummköpfe und Naiven versuchen, sich ohne eine Persona durchs Leben zu schlagen.

Allerdings müssen wir imstande sein, unsere Persona abzulegen in Situationen, in denen sie unangemessen ist. Das gilt insbesondere für intime zwischenmenschliche Beziehungen. Ich bin ein anderer in meiner Arbeit als Jungscher Psychoanalytiker als in meiner Freizeit. Die Geschicklichkeit eines Chirurgen bei Herzoperationen ist für eine vernachlässigte Partnerin ein schlechter Trost. Ein Lehrer macht trotz seiner guten pädagogischen Kenntnisse keinen Eindruck auf seinen halbwüchsigen Sohn, der sich bloß das väterliche Auto leihen will. Der weise Prediger läßt sein Habit und seine Rhetorik zu Hause, wenn er einer Dame den Hof macht.

Die großzügige Belohnung der Persona durch die Außenwelt soll uns ein Anreiz sein, uns mit ihr zu identifizieren. Geld, Achtung und Macht sind denen gewiß, die eine soziale Rolle zielstrebig und gekonnt auszufüllen verstehen. Kein Wunder, daß wir darüber leicht vergessen, daß unsere wahre Identität woanders liegt als in unserer Arbeit, unserer Funktion innerhalb des Kollektivs. So wird aus der Persona statt einer üblichen Annehmlichkeit schnell eine Falle.

Dies zu erkennen ist eine Sache; hingegen ist es eine ganz andere Sache, in dieser Hinsicht etwas zu unternehmen. Rilke hat das recht treffend in Worte gefaßt:

> Wir entdecken wohl, daß wir die Rolle nicht wissen, wir suchen einen Spiegel, wir möchten abschminken und das Falsche abnehmen und wirklich sein. Aber irgendwo haftet uns noch ein Stück Verkleidung an, das wir vergessen. Eine Spur Übertreibung bleibt in unseren Augenbrauen, wir merken nicht, daß unsere Mundwinkel verbogen sind. Und so gehen wir herum, ein Gespött und eine Hälfte: weder Seiende noch Schauspieler.[40]

Die Identifikation mit einer sozialen Rolle ist häufig die Ursache für eine Krise in der Lebensmitte, denn sie hindert einen daran, sich den gegebenen Umständen über das hinaus anzupassen, was gesellschaftlich relevant ist. Wer bin ich ohne Maske? Ist jemand dahinter? Ich bin ein prominentes, geachtetes Mitglied der Gemeinschaft. Warum hat meine Frau dann mehr Interesse an jemand anderem? Gibt es keine Gerechtigkeit?

Ein Mensch kann sich nicht ohne gewisse Konsequenzen zugunsten einer kollektiven Identität seiner selbst entäußern. Dazu ge-

---

[40] Rainer Maria Rilke: *Die Aufzeichnungen des Malte Laurids Brigge,* dtv München 1962, S. 156.

hört: Er verliert den Blick dafür, wer er ohne die schützende Tarnung ist; seine Reaktionen sind durch kollektive Erwartungen vorausbestimmt (er tut und denkt und fühlt, was seine Persona tun, denken und fühlen «sollte»); die ihm nahestehen, klagen über seine Entfremdung und ein beunruhigendes «überlegenes» Gebaren; vor allem aber kann er sich ein Leben ohne nicht vorstellen.

Norman und seine Frau haben eine gemeinsame Persona. Ich nehme an, sie empfindet ihr Leben so ähnlich wie Norman – und ist ebenso unzufrieden. Aber sie sind ein «glückliches» Paar. Was immer auch zwischen ihnen vorgehen mag, vor der übrigen Welt sind sie ein Herz und eine Seele. Sie werden von ihren Freunden beneidet. Andere Paare streiten sich, bis die Ehe in die Brüche geht. Nicht so Norman und Nancy. Ihre Ehe hält, ist nicht zu erschüttern.

Und das stimmt. Norman kennt eine Menge Frauen, die ein sexuelles Interesse an ihm haben, und er, trotz seiner ewigen Schuldgefühle, an ihnen. Aber er kann sich nicht in eine andere Frau verlieben, solange seine Energie an seine Frau gebunden ist. Das ist eine einfache Tatsache. Er kann aus Lust mit anderen Frauen ins Bett gehen, aber er kann sie nicht lieben. Das Gefälle seiner Energie führt zu seiner Frau. Was er auch mit anderen Frauen tut oder diese sagen und tun mögen, es verursacht nicht den kleinsten Riß in der Bindung an seine Frau. Trotz seines Verhaltens ist er immun gegen die Wirkung, die andere Frauen auf ihn haben könnten.

Darin zeigt sich die Macht des Mutterkomplexes. In Norman manifestiert er sich als Sicherheitsbedürfnis und als Angst vor dem Unbekannten. Er erzählt anderen Frauen immer erst, daß er verheiratet ist, ehe er sich mit ihnen einläßt. *Caveat emptor* (der Käufer möge sich vorsehen). Auf diese Weise entledigt er sich jeglicher Verantwortung für sein Handeln und bildet sich ein, dadurch auch allen längerfristigen Konsequenzen zu entgehen. Sein Kopf verschließt sich den möglichen Auswirkungen seiner Handlungen. Seine Linke weiß nicht, was seine Rechte tut.

Der Konflikt, der sich in Norman zuspitzt, besteht zwischen seinem Selbstbild als ergebener Familienvater (das unauflöslich mit der von ihm und seiner Frau entwickelten gemeinsamen Persona verknüpft ist) und einem anderen Bild in seinem Inneren – dem eines unbekümmerten Don Juan, eines nach Freiheit dürstenden Teufelskerls. Letzteres bildet die gegenwärtige Substanz von Normans Schatten. Sein Ich ist seiner Frau hörig; sein Schatten versucht es mit einem Flittchen. Das ist die psychologische Situation. Es ist soviel unterdrückte Energie da, die nirgendwohin kann, daß er kurz vor der Explosion steht.

Ich schüttelte Norman die Hand und verabredete einen Termin für die nächste Woche mit ihm. Er seufzte erleichtert auf, schnaubte sich die Nase und ging.

Am Feierabend dachte ich noch einmal über die Leute nach, die ich heute gesehen hatte. Norman war einer der ersten gewesen. Nachdem er gegangen war, hatte ich mehr Geduld, mehr Einfühlungsvermögen. Ich fühlte mich noch immer wie neubelebt. Ich hatte zwar das Gefühl, einen Stein im Magen zu haben, aber ich sah einer erneuten Zusammenkunft mit Norman zuversichtlich entgegen.

2
Die Schlange regt sich

«Ach», sagte die Maus, «die Welt wird enger mit jedem Tag. Zuerst war sie so breit, daß ich Angst hatte, ich lief weiter und war glücklich, daß ich endlich rechts und links in der Ferne Mauern sah, aber diese langen Mauern eilen so schnell aufeinander zu, daß ich schon im letzten Zimmer bin, und dort im Winkel steht die Falle, in die ich laufe.» – «Du mußt nur die Laufrichtung ändern», sagte die Katze und fraß sie.

Franz Kafka: «Kleine Fabel»,
Sämtl. Erzählungen (S. Fischer, S. 368)

Norman erschien in einem neuen Anzug. Er war ziemlich gesprächig.

«Ich meinte, etwas Besonderes verdient zu haben», sagte er. «Es ist wie ein neuer Anfang. Ich habe mich super gefühlt die ganze Woche, mich aufs Herkommen gefreut. Ich habe Nancy erzählt, daß ich Sie aufgesucht habe. Sie war stocksauer!» Er grinste verlegen.

«‹Warum hast du mir nicht gleich gesagt, daß du hingehst?› hat sie gefragt. Ich entschuldigte mich. Ich konnte sehen, daß sie wirklich verletzt war. Ich mache ihr keinen Vorwurf deswegen. Ich glaube, es ist das erste Mal, seit wir uns kennengelernt haben, daß ich einen eigenen Entschluß gefaßt habe. Wir entscheiden sonst alles zusammen: was wir einkaufen, welche Filme wir uns anschauen, was ich für den Besuch bei einem neuen Kunden anziehen soll.»

Norman lächelte. «Nancy war mir immer eine große Hilfe. Habe ich Ihnen von unseren tollen Festen erzählt? Sie ist eine wunderbare Köchin. Und immer eine bezaubernde Gastgeberin. Verstand hat sie auch. Das ist etwas, was mich bei ihr gereizt hat, ihre ausgeprägten Ansichten. Sie hat zu allem und jedem eine Meinung – zur Politik, darüber, wie man ein Schloß repariert oder wie man Kinder erziehen sollte, was es auch sei. Sie erzählt mir alles, was ich wissen muß. Ich brauche gar nicht nachzudenken.»

Er lachte und hielt dann inne. «Ganz schön nervend manchmal, wenn ich zum Beispiel irgendwas im Haus tue. Sie weiß immer, wie man's besser macht. Ich sage dann schon mal zum Spaß: ‹Wenn du einen Handwerker brauchst, hättest du einen heiraten sollen.› Ich hab' mich nie für besonders geschickt gehalten, jedenfalls nicht, wenn es um Hammer und Zange geht.»

Norman schaute unbehaglich drein, als hätte er zuviel gesagt.

«Jedenfalls war Nancy sehr interessiert an meinem Besuch bei Ihnen. ‹Und was hast du ihm erzählt?› hat sie gefragt. Ich habe ihr erzählt, worüber wir gesprochen haben – wenigstens das meiste –, und ihr gesagt, sie solle sich keine Sorgen machen. ‹Will er mich sehen?› Ich sagte ihr, das sei wohl nicht nötig, zumindest noch nicht. Was meinen Sie denn?»

Ich erinnerte Norman daran, daß ich nicht mit Paaren arbeite.

«Letztes Jahr hatten wir eine Eheberatung erwogen. Wir haben alles durchgesprochen. Nancy sagte, sie würde tun, was ich wollte, wenn es mir dann besser ginge, aber da unsere Ehe o. k. ist, hatte es ihres Erachtens wenig Zweck. Ich meine, wir streiten uns nicht oder so was. Wir sind nie gemein zueinander. Ich habe ihr zugestimmt. Was meinen Sie denn dazu?»

Ich neigte den Kopf.

«Ich habe diese Woche weniger Gras geraucht. Mochte nicht so recht. Habe mit den Kindern gespielt, meine Arbeit wiederaufgenommen, ein paar Kontakte geknüpft. Ich habe wirklich ein schönes Leben.»

Norman hing eine Minute lang mit gesenktem Kopf seinen Gedanken nach. «Wir haben eine ganze Weile nicht mehr zusammen geschlafen. Ich mache keinen Druck. Verdammt, ich weiß ja, daß ihr die Situation an die Nieren geht. Muß ganz schön hart sein für sie. Manchmal weint sie nachts. Ich glaube aber, ich warte lieber, bis sie von selbst zu mir kommt.»

Den Rest der Stunde verbrachten wir damit, einander kennenzulernen. Norman war Verkaufsmanager bei einer multinationalen Firma. Seine Tätigkeit war mir neu, und ich hörte aufmerksam zu. Er ließ sich des langen und breiten darüber aus. Ich fragte ihn nach Einzelheiten. Er war selbstbewußt und sprach mit Sachverstand. Mehrmals im Monat war er geschäftlich unterwegs. Er übernachtete in Hotels und lernte gelegentlich eine Frau kennen. Manchmal verbrachten sie die Nacht zusammen. Keine große Affäre, wie Norman sagte.

«Sie wissen ja, wie das ist. Ich bin ziemlich weich.» Er lachte. «Ich kann einfach nicht nein sagen.»

Norman war im Norden von Manitoba aufgewachsen, in einer kleinen Stadt namens Churchill, die Pelzjäger gegründet hatten. Sie liegt etwa 1500 Meilen nördlich der kanadischen Grenze, da, wo die Wälder aufhören und die Tundra anfängt. Der Boden ist dort ewig gefroren.

«Da oben im Norden setzt die Gliederstarre früh ein», sagte Norman, «und sie breitet sich schnell aufs Gehirn und die entscheidenden Organe aus. Darum bin ich nach der High-School gleich fort.»

Ich mochte seinen Humor und dachte, wir würden wohl gut miteinander auskommen.

Wir schüttelten uns an der Tür die Hände. Bevor er ging, wandte er sich noch einmal um.

«Was ich noch sagen wollte: Ich hatte kürzlich einen Traum. Ich war mit meiner Mutter in einem brennenden Haus. Ich wollte das Feuer mit einem Eimer löschen, aber er hatte ein Loch. Ich konnte Nancy nirgendwo finden. Ich rannte voller Panik herum. Ich fing an, Limo-Flaschen zu entkorken und zu Leuten auf dem brennenden Dach hochzuwerfen: ‹Wenn wir es nicht oben löschen, sind wir im Arsch›! – Was sagen Sie dazu?» fragte er.

Ich dachte kurz nach. «Kommen Sie nächste Woche wieder», sagte ich.

Norman erlebt gerade ein Stimmungshoch, das typische Gefühl für jemanden, der zum ersten Mal vor einem Psychologen seine Seele bloßgelegt hat. Es hat etwas mit dem Eingeständnis einer Niederlage zu tun, mit der Einsicht, am Ende zu sein. In der vergangenen Woche hatte er mir Dinge erzählt, die er nie irgend jemand anders anvertraut hätte. Er ließ ein bißchen von dem Dampf ab, der sich angestaut hatte.

Diese Woche sieht er weder so aus noch redet er wie ein Mensch, der Probleme hat. Was ihn betrifft, meint er, liegt jetzt alles in meiner Hand.

Er wirkt auch ein wenig aufgeblasen, was automatisch passiert, wenn das Bewußtsein zu viele unbewußte Inhalte übernimmt. Man wird von dem neuen Wissen aufgebläht. Das Leben ist herrlich. Alles kommt einem glockenrein vor.

Sowohl die Hochstimmung als auch die Inflation der Gefühle sind meist nur von kurzer Dauer. Nach meiner ersten Analysesitzung ging ich davon und betrank mich. Ich war überglücklich! Welch ein Unterschied, es war kaum zu glauben! Ich kroch auf allen vieren hinein und tänzelte wieder hinaus. Ich hatte keine Ahnung, warum eigentlich. Ich erinnere mich heute nicht mehr, was ich beim ersten Mal alles erzählt habe, aber ich weiß noch, daß es mir viel besser ging. Die Depression war wie weggeblasen. Ich rief ein paar Freunde an, und wir feierten die ganze Nacht hindurch.

Von so einem Hochgefühl herunterzukommen ist gar nicht schön. Vielleicht ist das der Grund dafür, daß ich Hochgefühle nicht mag.

Ich habe das starke Bedürfnis, Norman zu sagen, er solle das, worüber wir reden, für sich behalten, tue es jedoch nicht. Er wird selbst merken, wann das nötig ist – wenn überhaupt, und dann ohne einen Wink von mir –, und jetzt könnte er es sowieso nicht. Er glaubt, die Sitzungen bei mir würden ihn wieder enger mit seiner Frau verbinden, und nach allem, was ich weiß, stimmt das auch. Aber insgeheim ist er stolz darauf, ohne sie eine Entscheidung getroffen zu haben.

Geheimnisse zu bewahren ist im analytischen Prozeß sehr wichtig. Dadurch wird intensiviert, was im Innern vorgeht. Wenn man außer seinem Analytiker noch anderen erzählt, was einen bewegt, geht dabei etwas Kostbares verloren. Zwar läßt die Spannung nach, aber gleichzeitig verlangsamt sich der Prozeß.

In den ersten Monaten meiner eigenen Analyse war ich durchlässig wie ein Sieb. Ich konnte nichts für mich behalten. Ich wohnte in Zürich mit einem Mann zusammen, der ebenfalls in der Ausbildung war. Arnold und ich hechelten einfach alles durch: was wir lasen, was wir empfanden, unsere Phantasien, unsere Träume usw. usf. Bis in die frühen Morgenstunden hinein ließen wir unsere Analysesitzungen Punkt für Punkt noch einmal Revue passieren und stellten Vermutungen an, warum unser Psychoanalytiker wohl dieses oder jenes gesagt oder nicht gesagt oder warum er gelächelt hatte. Es war eine herrliche Zeit, und wir sind immer noch eng befreundet.

Nach einiger Zeit sagte mein Analytiker: «Hören Sie mal, Sie träumen von Flaschen, die zerbrechen, und Spülbecken, die überfließen; Sand rinnt Ihnen durch die Finger, und Wasser quillt aus Löchern in der Wand. Was hat das alles zu bedeuten?»

Damals wußte ich es nicht, aber ich sollte es bald herausfinden.

Arnold und mich hielt ein gemeinsames Geheimnis zusammen. Zwischen uns war eine *Participation mystique* entstanden – eine Situation, in der wir uns jeweils mit den Triumphen und Niederlagen des anderen identifizierten. Das ist der Kitt, der Freundschaften zusammenhält, und ganz in Ordnung so. Ich glaube, anders hätte ich die ersten Monate in Zürich gar nicht überstanden, aber eben diese unsere Verbundenheit behinderte uns in dem, wozu wir dort waren: uns ohne Einmischung oder Beurteilung durch den anderen mit uns selbst auseinanderzusetzen, vollkommen allein mit den unglaublichen Konflikten und Widersprüchen fertigzuwerden, die wir erlebten.

Zu Anfang hatte keiner von uns ein «Gefäß» für eine solche Aufgabe. Wir reagierten einfach unsere Gefühle ab und gaben unseren ganzen Seelenmüll an die Umgebung weiter.

Dazu gibt es eine Analogie in der Alchimie: *Vas Hermetis,* das hermetische Gefäß. Es muß verschlossen bleiben, damit sich sein Inhalt durch Hitze umwandeln kann. Wenn die Hitze entweicht, geschieht nichts. Psychologisch ist das dem Spannungsabfall in einem Konflikt vergleichbar. Das Gold, der Stein der Weisen, materialisiert sich nicht. Man bleibt auf demselben Schrott sitzen, mit dem man begonnen hat.

Ich mußte also ein inneres *Temenos* schaffen, einen heiligen Bezirk, zu dem nur ich Zutritt hatte. Dadurch wird die Psyche angeheizt und die Spannung erhöht. Wenn man einsieht, wie wichtig die Geschlossenheit ist, weiß man instinktiv, was man herauslassen kann und was nicht. Und wenn man einen Fehler macht, kann man das Temenos förmlich bersten hören.

Natürlich hatte ich meinen Psychoanalytiker. Diese Beziehung war eine andere Art von Temenos, ein Ort, an dem die Götter ungestört in einer Atmosphäre des gegenseitigen Vertrauens und der Achtung spielen konnten. Er beobachtete und lenkte meinen Prozeß; für mich war er absolut notwendig, um Licht in meine Träume zu bringen, mir als Spiegel zu dienen und mich auf der Spur zu halten, aber er war keineswegs aufdringlich. Er kam mir oft wie eine Hebamme vor, die bei einer Geburt Hilfe leistet.

Er war entscheidend für den psychologischen Prozeß, aber mit der Zeit, als mein Temenos erstarkt war, brauchte ich ihm nicht mehr alles zu erzählen.

Norman ist praktisch unfähig, etwas vor seiner Frau geheimzuhalten. Er hat Schuldgefühle, wenn er das tut. Sicher, er hat ein selektives Gedächtnis, aber im großen und ganzen erzählt er ihr, was in seinem Kopf vorgeht. Daran zeigt sich das Maß seiner Bindung an sie und seines Bedürfnisses nach Zustimmung – ihre *Participation mystique*. Er wäre seiner Frau gegenüber gern vollkommen transparent, ein aufgeschlagenes Buch. Seine Eskapaden mit anderen Frauen sind eine bemerkenswerte Ausnahme. Er gesteht sie sogar sich selbst nicht ein.

Seine Frau indessen hütet ein Geheimnis, das sie mit aller Macht bewahren will. Sie hat einen Geliebten. Wenn Norman es herausfände, wäre alles kaputt. Die Fassade, die sie aufgebaut haben, ihr ganzes Kartenhaus, alles würde zusammenfallen. (Sie weiß nicht, daß Norman davon Kenntnis hat. Er kann es ihr nicht sagen, weil sie ihm seine Schnüffelei nie verzeihen würde.)

Jahrelang hat Normans Frau mit seiner heimlichen Untreue gelebt, nicht, weil es ihr nichts ausgemacht hätte, sondern weil sie keine andere Wahl hat. Sie ist ebensosehr an die Beziehung gefesselt wie er. Sie hat zuviel zu verlieren, wenn Norman zerbricht. Sie ist ziemlich sicher, daß er aufgebracht wäre, wenn er wüßte, worauf sie sich eingelassen hat. Deshalb gibt sie es nicht zu. Sie weiß nicht, daß er bereits einen Sprung hat.

Normans Frau ist zugleich die schützende Mutter, die aufrichtig um den Seelenfrieden ihres Sohn-Mannes bemüht ist, und eine listenreiche Hexe, die tut, was sie will, aber auch um jeden Preis festhalten will, was sie hat. Wie Norman will sie ihren Kuchen unversehrt haben und ihn gleichzeitig essen.

Wieso weiß ich, was in Normans Frau vorgeht? Weil ich psychoanalytisch mit ihren Schwestern gearbeitet habe – mit den Ehefrauen und Freundinnen von Männern wie Norman. Die Einzelheiten sind immer etwas anders, aber das psychologische Muster ist stets das gleiche. Sie verbergen ihr wahres Gesicht, um ihren Männern den Schmerz des Erwachsenwerdens zu ersparen. Sie führen ein qualvolles, schizophrenes Leben hart am Abgrund, bis sie ihre Identifikation mit der Mutter aufgeben.

So sehe ich es, aber vielleicht irre ich mich.

Norman glaubt, seine Frau täte ihm einen Gefallen, wenn sie ihm erlaubt, sie zu lieben. Er schmort vor sich hin, während er darauf wartet, daß sie von Begierde überwältigt wird. Er ist auf Gnade und Ungnade ihren Launen ausgeliefert. Er will nur geliebt werden, und er setzt die Liebe mit Begierde gleich, genauer gesagt mit dem Verlangen seiner Frau nach ihm. Solange sie sich gleichgültig verhält, fühlt er sich ungeliebt. Zwar mögen andere Frauen auf ihn scharf sein und das auch zeigen, aber da sie nicht seine Gattin sind, bleibt die Gleichung in seinem Kopf davon unberührt. Er fühlt sich weiterhin ungeliebt.

Norman leidet, weil er sich emotional einer Frau überantwortet hat, die er als lieblos empfindet.

Er weiß nichts von den Ängsten seiner Frau, von ihren Bedürfnissen und Komplexen. Er begreift nicht, warum sie nachts weint. Während er im Keller ist und seinen Joint raucht, ist sie vielleicht auf dem Speicher und verzehrt sich vor Gram. Auf diese Idee käme Norman gar nicht. Er ist zu sehr mit sich selbst beschäftigt, um sich Gedanken darum zu machen, was in ihr vorgeht.

Selbstverständlich tut sie ihm leid in ihrer Lage – sexuell kein Interesse am eigenen Mann zu haben muß schrecklich sein –, aber er sucht den Fehler bei sich. Darin äußert sich der Einfluß seines Mutterkomplexes, der in der Fabel zu Beginn dieses Kapitels so treffend durch die Katze oder Falle symbolisiert wird, eine Schnappfalle, die einen Mann erfolgreich davon abhält, die Richtung zu ändern und eine Neuorientierung in seiner bewußten Einstellung vorzunehmen.

Da fällt mir eine Bemerkung meines ersten Psychoanalytikers ein: «Unser Mitleid entmannt uns.»

Norman fühlt sich nicht besonders wohl, wenn er mit mir über seine Frau oder ihrer beider Beziehung spricht. Es kommt ihm wie Untreue vor, so als ob er einen Vertrauensbruch begehe. Sie sind immer ein Team gewesen. Ihre Ehe ist sein Lebensmittelpunkt, sein Temenos. Wie wird er mit dem Konflikt fertigwerden, wenn ihm erst sein wachsendes Bedürfnis nach psychologischer Distanz von seiner Partnerin bewußt wird?

Norman glaubt zu wissen, was er sich wünscht: eine liebende Ehefrau. Aber in Wirklichkeit wünscht er sich eine Mutter, einen sicheren Hort, zu dem er heimkommen kann. Nancy sitzt ganz schön in der Klemme. Einerseits ist er ihr ergebener Sohn-Geliebter, eine Situation, die von ihr wie Inzest empfunden wird und ihr Verlangen hemmt. Andererseits würde sie wahrhaft gern für ihn dasein, wenn er heimkommt. Vielleicht verzehrt sie sich deshalb auf dem Speicher vor Gram – falls sie das tut.

Und drittens genießt sie das Machtgefühl, was ihr vielleicht gar nicht bewußt ist.

Ich kenne Normans Frau nicht. Ich weiß nur, was er mir von ihr erzählt. Ich weiß, daß vieles davon nur in seinem Kopf steckt und nichts mit seiner Frau zu tun hat. Norman weiß bisher noch nicht, daß da ein Unterschied besteht. Ich will sie auf keinen Fall sehen, denn mich interessiert ausschließlich, wie Norman seine Frau erlebt, nicht wie sie wirklich ist. Sie kennenzulernen würde mich nur durcheinanderbringen.

Das ist der Unterschied zwischen der individuellen Psychoanalyse und der Arbeit mit Paaren.

Inzwischen habe ich mir ein Urteil über Normans Situation gebildet und eine klare Vorstellung davon, was er tun könnte. Aber ich täte ihm keinen Gefallen, wenn ich es ihm sagte. Ich würde bloß in seinen Prozeß eingreifen, und selbst wenn ich durch einen glücklichen Zufall den Nagel auf den Kopf träfe, wäre er doch noch nicht so weit, sich das anzuhören.

Normans Traum, mit dem er nachträglich aufwartete, ist auf jeden Fall viel relevanter als meine Meinung oder auch die seiner Frau. Er gibt Auskunft darüber, wo Norman wirklich steht, ganz abgesehen von meiner Auffassung davon, wo er sich befindet oder befinden sollte.

Ein Anfangstraum – der erste Traum, den man in eine psychoanalytische Sitzung einbringt – hat eine besondere Bedeutung, da er oft sowohl die zugrundeliegenden Faktoren aufzeigt, die den betreffenden Menschen zur Analyse veranlaßt haben, als auch die essentiellen psychologischen Probleme, die verarbeitet werden müssen.

Diese werden häufig erst durch nachträgliche Einsicht sichtbar; es dauert unter Umständen Jahre, bis der symbolische Gehalt des ersten Traums in seiner ursprünglichen Bedeutung erkannt wird. Aber immer ist ihm etwas Numinoses eigen, ein besonderer Reiz, eine spezielle Gefühlsqualität, die nicht zu leugnen ist. Er ist ein Bezugspunkt, zu dem man wieder und wieder zurückkehrt.

Vor meiner eigenen Analyse habe ich nie geträumt. Wenigstens habe ich mich nicht erinnern können. Halt, das stimmt nicht ganz. Als ich sechs war, schlief ich einmal auf der Toilette ein und träumte, Gott käme herein und sagte mir, alles würde in Ordnung gehen. Und ich erinnere mich auch an einige andere Kindheitsträume von herrlichen Gärten voller Elfen und Feen.

Meinen ersten akademischen Grad erhielt ich in Mathematik und Physik. Von Träumen war keine Rede. Dann studierte ich Journalismus. Als Reporter mußte ich mich mit den Reden von Politikern befassen. Sie strotzten nur so von Träumen, allerdings von Träumen anderer Art. Danach kehrte ich zur Universität zurück, um Literaturwissenschaft und Philosophie zu studieren, und die ganze Zeit über erhielt ich nie auch nur den leisesten Wink, daß Träume wichtig sein könnten.

Wie die Traumforschung nachgewiesen hat, träumen wir alle mehrere Male in der Nacht, was die sogenannten REM-Phasen belegen, die durch schnelle Augapfelbewegungen gekennzeichnet sind. Menschen, die der Traumphase ihres Schlafes beraubt werden, leiden bald unter Angst und Nervosität. Diese Experimente lassen erkennen, daß Träume eine wichtige biologische Funktion erfüllen, lassen allerdings deren Inhalt oder Sinn völlig außer acht.

Jung ging noch einen Schritt weiter: Er vertrat die Auffassung, daß Träume den Zweck haben, den Energiefluß in der Psyche zu steuern und zu regulieren.

Ich mußte also auch als Erwachsener Träume gehabt haben, nur gingen sie offenbar wegen mangelnder Beachtung unter. Und warum sollte ich mich überhaupt für Träume interessieren? Sie treten nur nachts auf und haben nichts mit mir zu tun.

So dachte ich, bis ich eines Morgens aus einem Traum aufwachte, den ich nicht wieder loswurde.

Mein Anfangstraum, nämlich der, der mich in die Psychoanalyse trieb, handelte von einem Gummiball. Ich war auf einer Straße inmitten einer verlassenen Stadt, umgeben von ausgehöhlten Gebäuden. Ich ließ einen Ball zwischen den Häusern hin und her hüpfen, von einer Seite auf die andere. Er strebte von mir fort, ich konnte ihn nicht am Boden halten. Ich wachte in kalten Schweiß gebadet auf, voller Entsetzen und hemmungslos weinend.

Aus dieser Entfernung wirkt er recht harmlos. Damals jedoch ließ er meine ganze Welt zusammenfallen.

Er war mein Einstieg in die Wirklichkeit der Psyche, eine Art Einweihung, eine Feuertaufe. Ich wußte nicht, daß etwas in mir vorgehen konnte, ohne daß es mir bewußt gewesen wäre. Meiner Überzeugung nach gab es nichts, was nicht durch Willenskraft zu bewerkstelligen war. «Wo ein Wille ist, ist auch ein Weg.» Mein Traum platzte mitten in einen tiefen Konflikt, den zu lösen ich zwar meinen Willen aufbot, aber ohne Erfolg. Ich glaubte auf jeden Fall selbst damit klarkommen zu können. Meine Reaktion auf den Traum raubte mir alle Illusionen.

Die Psyche ist die Summe aller psychischen Prozesse, sowohl der bewußten als auch der unbewußten. Psychische Erscheinungen sind so wirklich wie nur irgend etwas in der physischen Welt. Das Unbewußte ist ziemlich unabhängig vom Bewußtsein; es reagiert nicht nur auf das Bewußtsein und enthält verdrängte Inhalte, die einmal bewußt waren, es ist auch die Quelle von Dingen, die nie bewußt waren – es kann selbst schaffen.

Jung bezeichnet Träume als Fragmente unwillkürlicher psychischer Aktivität, die nur so weit ins Bewußtsein dringen, daß sie im Wachzustand reproduzierbar sind. Sie sind Selbstdarstellungen, symbolische Ausdrucksformen dessen, was vom Standpunkt des Unbewußten aus in der Persönlichkeit vorgeht.

Selbsterkenntnis stellt sich ein, wenn man in zwei Richtungen gleichzeitig blickt. Um zu erfahren, wer wir sind, brauchen wir sowohl Beziehungen zu anderen Menschen als auch den Spiegel des Unbewußten. Träume sind dieser Spiegel.

Träume sind unabhängige, spontane Manifestationen des Unbewußten. Ihre Botschaft stimmt nur selten mit den Tendenzen des Bewußtseins überein. Nicht allein, daß sie unserem Willen nicht gehorchen, sie stehen überdies oft in krassem Widerspruch zu unseren bewußten Einstellungen und Intentionen. Sie haben kein größeres Gewicht als das, was tagsüber geschieht, aber sie sind hilfreiche Kommentare zu unserer äußeren Existenz.

Freud war der Ansicht, Träume hätten im wesentlichen die Funktion, Wünsche zu erfüllen und den Schlaf zu garantieren. Jung pflichtete ihm bei, daß es in manchen Fällen so sei, konzentrierte sich jedoch lieber auf die vorherrschende Rolle, die Träume bei der Selbstregulierung der Psyche spielen. Er sah ihren Hauptzweck darin, unbewußte Einstellungen zu kompensieren – auf verschiedene Standpunkte aufmerksam zu machen und dadurch eine Korrektur in der Ich-Persönlichkeit zu bewirken.

Kompensation ist ein Prozeß, der das Gleichgewicht in der Psyche herstellen oder erhalten soll. Wenn die bewußte Orientierung zu einseitig ist, nimmt der Traum einen entgegengesetzten Standpunkt ein; ist die bewußte Einstellung mehr oder weniger angemessen, gibt sich der Traum offenbar damit zufrieden, auf geringfügige Abweichungen hinzuweisen; und wenn die bewußte Haltung absolut adäquat ist, schließt der Traum sich ihr unter Umständen sogar an und unterstützt sie.

Träume haben eine kompensatorische Funktion, weil sie

Aspekte der Persönlichkeit erhellen, die einem normalerweise gar nicht bewußt sind; sie enthüllen unbewußte Motive, die Beziehungen zugrunde liegen, und eröffnen in Konfliktsituationen neue Standpunkte.

Jung hat auch die zukunftsweisende oder zweckorientierte Funktion der Träume hervorgehoben, das heißt, ihr symbolischer Gehalt deutet in vielen Fällen die Lösung eines bewußten Konfliktes an. Das stimmt mit seiner Auffassung von der Zweckdienlichkeit der Neurose überein: Ziel der Träume ist es, das Bewußtsein mit den Informationen zu versorgen, die zur Wiederherstellung der psychischen Gesundheit nötig sind.

«Wenn das stimmt», sagte ich zu meinem Analytiker, «und sie wirklich so wichtig sind, warum sind sie dann so verflucht schwer zu verstehen?»

Er lächelte nur.

Jungs ebenso dunkle Antwort lautet, daß «der Traum ein Naturereignis ist und daß die Natur keinerlei Neigung bekundet, ihre Früchte gewissermaßen gratis und der menschlichen Erwartung entsprechend zur Verfügung zu stellen».[41]

Träume verstehen zu lernen erfordert harte Arbeit. Ihre Symbolsprache ist uns ungewohnt. Die Vorstellungswelt der Träume ist ihrem Wesen nach phantastisch und irrational; Bilder reihen sich auf eine Weise aneinander, die unserem linearen Denken in der Regel recht fremd ist. Auf den ersten Blick erscheinen sie ziemlich unsinnig. Auf den zweiten auch noch. Es braucht schon einiges, um die Traumsprache verständlich zu machen.

Einer meiner Träume während meiner Analyse in Zürich handelte von einer Spinne mit Skiern auf einer Rasierklinge. Ich bitte Sie! Und da heißt es, das Unbewußte hätte keinen Sinn für Humor.

Laut Jung ist der Traum ein inneres Drama. Der Träumer ist Bühne, Szene, Regisseur, Autor, Schauspieler, Publikum und Kritiker zugleich. Der Traum ist der Träumer. Jedes Traumelement bezieht sich auf einen Persönlichkeitsaspekt des Träumers selbst, genauer gesagt: Die Leute im Traum sind die Personifikationen von Komplexen.

Träume konfrontieren uns mit unseren Komplexen und zeigen auf, wie sie unsere Einstellungen bestimmen, die umgekehrt wieder weitgehend für unser Verhalten verantwortlich sind. Die Ar-

---

[41] «Vom Wesen der Träume», *Die Dynamik des Unbewußten,* GW 8, Par.560.

beit, die notwendig ist, um die Botschaft eines Traumes oder einer Traumserie verstehen zu können, ist eine der besten Möglichkeiten, Komplexe zu entmachten, da durch die ihnen gewidmete gesammelte Aufmerksamkeit eine bewußte Beziehung zu ihnen aufgebaut wird.

Die eigenen Träume sind besonders schwer zu verstehen, da uns dabei bis zu einem gewissen Grad immer unsere blinden Flecken – unsere Komplexe – in die Quere kommen. Selbst Jung hat sich nach fünfzigjähriger Arbeit mit Tausenden von Träumen noch zu dieser Frustration bekannt. Als Faustregel gilt, daß einem, wenn man meint, einen Traum auf Anhieb verstanden zu haben, das Wesentliche entgangen ist.

Freud hat als erster behauptet, daß sich ein Traum ohne Mithilfe des Träumers unmöglich interpretieren läßt. Erforderlich ist die genaue Kenntnis der äußeren Umstände zur Zeit des Träumens und der bewußten Einstellung des Träumers. Diese wie auch die persönlichen Assoziationen zu den Traumbildern kann nur der Träumer selbst vermitteln. Wenn der Hauptzweck des Traums die Kompensation bewußter Einstellungen ist, müssen diese bekannt sein, andernfalls bleibt der Traum für alle Zeiten ein Rätsel.

Ausgenommen von dieser Regel sind archetypische Träume. Sie sind durch das Vorhandensein symbolischer Bilder und Motive gekennzeichnet, die Allgemeingut der Mythen und Religionen aus aller Welt sind. Sie treten meist in Zeiten starker emotionaler Krisen auf, in einer Situation, die einen gewissermaßen vor allgemeinmenschliche Probleme stellt. Oft treten sie in Übergangsphasen des Lebens in Erscheinung, wenn eine Veränderung in der bewußten Einstellung gefordert ist.

Normans Anfangstraum ist archetypisch. Genau wie es meiner war.

Die Symbole oder Motive eines Traums haben keine festgelegte Bedeutung, es gibt keine generell geltende, von der Psychologie und Lebenssituation des Träumers losgelöste Interpretation. Deshalb sind die Klischees und stereotypen «Deutungen» aus herkömmlichen Traumbüchern völlig nutzlos.

Ich blättere in einem dicken Nachschlagewerk über Träume, das vor über 50 Jahren in den Vereinigten Staaten erschienen und dort immer noch zu haben ist. Im folgenden ein paar Kostproben:

«Sein Haus brennen zu sehen bedeutet einen liebevollen Gefährten, gehorsame Kinder und gewissenhafte Dienstboten.

Ein Bananentraum ist ein Hinweis darauf, daß Sie mit einem uninteressanten und ungeliebten Menschen vermählt werden.

Nach einem Traum über Salz werden Sie im allgemeinen damit rechnen können, daß alles schiefgeht und daß sich Zank und Streit im Familienkreis anbahnen.

Im Traum dicke, häßliche Lippen zu sehen deutet auf unerwünschte Begegnungen, übereilte Entscheidungen und böses Blut in der ehelichen Beziehung hin.

Fleisch zu tranchieren steht für schlechte Investitionen, aber wenn eine Änderung durchgeführt wird, sind die Aussichten besser.»

Bücher wie dieses sind lustig zu lesen, nur helfen sie niemandem weiter, der seine Träume erforschen will. Auch solche albernen Behauptungen nicht, wir könnten unsere Träume lenken – ihren Inhalt bewußt manipulieren. Es liegt weder ein überzeugender Beweis dafür vor, daß dies möglich wäre, noch wäre es wünschenswert, da dadurch wertvolle Informationen verlorengingen, die auf keine andere Weise zugänglich sind.

Viele Träume haben klassische Dramenform. Da ist zuerst die *Einführung* (Ort, Zeit und Personen), in der die anfängliche Situation des Träumers dargelegt wird. In der zweiten Phase vollzieht sich die *Entwicklung* des Stücks (der Handlungsverlauf). Beendet wird das Drama durch den *Schluß,* das Ergebnis oder die Lösung der Traumhandlung. Oft ist es von Nutzen, sich den Schluß eingehender zu betrachten, weil er zeigt, in welche Richtung die Energie des Träumers drängt. Gibt es keinen Schluß, ist auch keine Lösung in Sicht.

Die beste Methode, an seinen Träumen zu arbeiten, ist das Gespräch mit einem anderen Menschen, vorzugsweise jemandem, der darin geübt ist, Träume objektiv zu betrachten, ohne seine eigene Psychologie in den Traum hineinzuprojizieren. Selbst die analytische Kenntnis der eigenen Komplexe garantiert noch keineswegs, daß keine Projektion ins Spiel kommt, aber ohne Ausbildung irgendeiner Art sitzen beide Seiten in der Tinte.

Der erste Schritt ist der Assoziationsvorgang, wobei persönliche Assoziationen zu den Traumbildern hergestellt werden. Wenn zum Beispiel ein Baum, ein Teppich, eine Schlange oder ein Apfel im Traum vorkommen, muß festgestellt werden, was diese Bilder in der Erfahrung des Träumers bedeuten. Dazu wird das betreffende Bild mittels entsprechender Fragen eingekreist: «Was bedeutet eine Schlange für Sie?» ... «Was noch?» ... «Und was sonst noch?» Diese Methode unterscheidet sich von der klassischen Freudschen Methode der freien Assoziation, die zwar allmählich zu dem Komplex vordringt, unter Umständen jedoch am eigentlichen Sinn des Traumbildes vorbeigeht.

Obendrein gibt es außer den persönlichen Assoziationen zu Traumbildern oft noch andere relevante Deutungsfaktoren – was Bäume, Teppiche, Schlangen oder Äpfel anderen Menschen in anderen Kulturen zu anderen Zeiten bedeutet haben.

Diese werden als archetypische Assoziationen bezeichnet; sie dienen der Erweiterung der bewußten Wahrnehmung, indem sie Material einbringen, das nichts persönlich Gewußtes ist, sondern zum psychischen Erbe eines jeden gehört und im Unbewußten gegenwärtig ist. Um die gleichen Bilder und Motive, die im Traum auftreten, ranken sich Mythen, Religionen und Märchen. Darum umfaßt die Ausbildung zum Psychoanalytiker auch Grundkenntnisse dieser Urbilder.[42]

Persönliche und archetypische Assoziationen zu einem Traum zu sammeln – seinen Kontext zu untersuchen – ist ein relativ einfacher, fast mechanischer Vorgang. Es ist notwendig, aber doch nur eine Vorbereitung auf die eigentliche Arbeit, die tatsächliche Deutung des Traums und dessen, was er über das Leben und die bewußten Einstellungen des Träumers aussagt. Das hinwiederum ist eine mühevolle Aufgabe und eine so intime Erfahrung, daß die Erfassung des Sinngehalts eines bestimmten Traums wirklich nur für die beiden Menschen, die daran arbeiten, Gültigkeit hat.

Deshalb sollte sich ein in der Analyse Befindlicher hüten, den Sinngehalt eines Traums, den er mit seinem Psychoanalytiker erarbeitet hat, mit einem Freund oder Partner zu diskutieren. Der Versuch, etwas Unbeschreibliches einem Dritten darzulegen, der nicht in die intimen Assoziationen zum Traum eingeweiht ist, bringt unter Umständen einen hart erkämpften persönlichen Standpunkt ins Wanken. Außerdem kann er das Temenos in Mitleidenschaft ziehen, den geschützten Bezirk, der zwischen dem Analytiker und dem Klienten entsteht.

Träume können auf subjektiver oder objektiver Ebene interpre-

---

[42] Zum besseren Verständnis archetypischer Bilder und Motive sind sowohl Jungs *Gesammelte Werke* als auch die Bücher von Marie-Louise von Franz über Märchen und deren Interpretation sehr zu empfehlen.

tiert werden. Im ersten Fall wird der Traum ausschließlich von der Psychologie des Träumers her aufgerollt. Kommt beispielsweise in einem Traum jemand vor, den man kennt, dann konzentriert man sich nicht auf die reale Person, sondern untersucht sie in ihrer Eigenschaft als Bild oder Symbol für hineinprojizierte unbewußte Inhalte. Wenn allerdings eine lebenswichtige Verbindung zu dieser Person besteht, dürfte eine objektive Interpretation erfolgversprechender sein – der Traum sagt etwas über die betreffende Beziehung aus.

Beide Male stammt das Bild des anderen Menschen aus der eigenen Psyche. Welche Methode nun wirksamer ist, ob die subjektive oder die objektive, wird anhand des Traumkontexts und der persönlichen Assoziationen bestimmt.

Träume haben zwangsläufig mehr als eine Bedeutung. Zehn Analytiker können bei ein und demselben Traum mit zehn verschiedenen Interpretationen aufwarten, je nach ihrer jeweiligen Typologie und ihren eigenen Komplexen. Das ist der Grund dafür, warum ohne Dialog keine gültige Interpretation zustande kommt und der Träumer dabei stets das letzte Wort haben muß. Wenn es beim Träumer «klick» macht, «stimmt» die Interpretation – allerdings nur für den Augenblick, denn spätere Ereignisse und Träume werfen oft ein ganz neues Licht auf frühere Träume...

Was machen wir denn nun mit meinem Balltraum und dem Traum, mit dem Norman mich noch auf der Türschwelle bedacht hat?

Zunächst einmal sind beide Träume, wie bereits erwähnt, typisch für eine Midlife-crisis, in der eine Veränderung der bewußten Einstellungen zwingend erforderlich ist. Persönliche Assoziationen sind nicht weiter wichtig, da die Bedeutung der Träume mehr oder weniger leicht zu durchschauen ist. Jemandem, der sich nur ein wenig in archetypischen Motiven auskennt, offenbaren sie die Psychologie des Träumers zur Zeit des Traums, ob die äußeren Umstände des Träumers nun bekannt sind oder nicht.

In meinem Traum liegt die Schwierigkeit eindeutig im Ausgleich der Gegensätze. Meine Mitte befindet sich bildlich inmitten einer Stadt, in einem kollektiven Raum. Ein Ball oder eine Kugelform besitzt im Vergleich zu allem anderen, was in der Natur vorkommt, das größte Raumvolumen im Verhältnis zur Oberfläche. Mehr paßt nicht hinein, ohne die Oberfläche zu sprengen – oder die Oberfläche muß sich ausdehnen, um mehr fassen zu können. Als solcher ist er ein Symbol für die Geschlossenheit und den selbstregulatorischen Prozeß der Psyche. Der Ball strebt von mir fort. Die kompensatorische Botschaft des Traums lautet, daß ich nicht im Besitz der Kontrolle bin. Vielleicht, wenn ich eine persönliche Mitte entwickeln könnte, wenn ich geschlossener würde …

Norman befindet sich in seinem Traum in einem brennenden Haus. Das Haus ist sein persönlicher psychischer Raum. Die Feuersbrunst ist der Affekt, den sein Konflikt bewirkt. Es droht ihn zu verzehren, wenn er nichts unternimmt. Seine Mutter ist da, nicht aber seine Frau. Seine Mutter ist schon einige Jahre tot, ihr Bild jedoch, das, was «Mutter» für ihn bedeutet, ist in seiner Psyche höchst lebendig. Ein Eimer ist ein Gefäß. Normans Gefäß ist der Aufgabe nicht gewachsen; es hat ein Loch und spiegelt damit sein Unvermögen wider, etwas für sich zu behalten. Gefäße werden archetypisch mit dem Weiblichen assoziiert; diese Seite Normans, seine Anima, steckt mit seiner Mutter unter einer Decke.

Die Limo-Flaschen deuten die Einstellung eines Jugendlichen an, die Leute auf dem Dach seine Erwartung, daß andere die Arbeit erledigen werden. Das brennende Dach verlegt den Konflikt in seinen Kopf.

Daß Norman mir den Traum im Hinausgehen erzählt hat, statt beim Hereinkommen, zeigt, daß ihm dessen Relevanz für seine Lebenssituation nicht bewußt ist. Er ist in Gefahr und weiß es nicht. Glücklicherweise ist sein Unbewußtes alarmiert; im Traum ist er in Panik. Das ist die kompensatorische Botschaft des Traums – ihm seine bedrohliche Notlage bewußt zu machen.

Wie unwirksam Normans Anstrengungen, das Feuer zu löschen, auch sein mögen, er versucht es jedenfalls und hat ein Gefühl für die Dringlichkeit. Das Feuerlöschen kann als Metapher dafür angesehen werden, daß die Komplexe assimiliert werden, statt von ihm Besitz zu ergreifen. Damit das geschehen kann, wird sich der Konflikt von der rein intellektuellen auf die Gefühlsebene verlagern müssen und dort erlebt werden. Dann wird sich Norman vielleicht dazu bewogen fühlen, etwas zu unternehmen.

Die Lösung für Normans psychologische Konfliktsituation erscheint an diesem Punkt als problematisch, zumindest aus zwei Gründen: Erstens ist es charakteristisch für die neurotische Persönlichkeit, ihr Leiden zwar wahrzunehmen, aber trotzdem untätig zu bleiben, und zweitens hat Norman kein «Gefäß», außer seiner Frau und seiner Familie.

Die Psychoanalyse führt zu einer mehr oder weniger tiefgreifenden Neuorientierung der Persönlichkeit. Das bedeutet in gewissem Maße die Loslösung von kollektiven Einstellungen und Werten, die für ein bestimmtes Individuum in einem bestimmten Kontext untauglich sind. Es gibt kollektive Einstellungen und Lösungen, die für viele Situationen taugen, aber die Leute kommen im allgemeinen genau deshalb zur Analyse, weil es für das, was sie durchmachen, keine befriedigende kollektive Antwort gibt.

Im Augenblick ist Norman in einen Mantel gehüllt, den er irgendwo unterwegs gefunden hat. Er braucht eine Antwort, die für ihn richtig ist. Er hat keine Ahnung, wie sie ausfallen könnte, und ich ebensowenig.

Ich habe Norman nichts von alledem erzählt, weil unsere Stunde zu Ende war und ich gerne die Zeit einhalte.

3
Der unbekannte andere

Jemand, der unbewußte Voraussetzungen hat, muß wie ein Geisteskranker behandelt werden; man muß ihm diese lassen, bis er mit sich selber in Konflikt kommt.

C. G. Jung, *Briefe,* Bd. 1, S. 384

Ein ziemlich mitgenommener Norman kam herein. Er war die Nacht über aus gewesen und stark verkatert. Ich goß uns ein Glas Eiswasser ein, wie ich's immer mache.

«Ich weiß nicht, was in mich gefahren ist», sagte Norman. «Ich habe gute Vorsätze, bin müde und will nach Hause, und dann komme ich mit irgendeiner Mieze ins Gespräch und kann die ganze Nacht durchmachen. Es ist einfach aufregend, glaube ich.»

Er lachte verlegen. «Dieses Mädchen kam auf mich zu, wie hieß sie noch – Penny. Es war super mit ihr nach der Party. Ich habe sie nach Hause gebracht, und wir haben uns geliebt, bis die Sonne aufging. Ihr Mann ist bei der Marine, er ist ein paar Wochen auf See. Sie scheint ihn nicht zu vermissen, zumindest denkt sie ziemlich locker über die Ehe. Auf jeden Fall war sie gern mit mir zusammen.»

Das Gerede des Teufelskerls.

«Ich wünschte, Nancy wäre auch so ... so frei.» Er fuhr sich mit den Fingern durchs Haar. «Also, mit mir, meine ich. Sie zu lieben ist so, als spielte man Bridge mit einem Zombie. Halt deine Karten fest, denke ich im stillen – du brauchst einen Partner, sonst kannst du nicht spielen, nicht wahr?»

Zurück zur Mutter.

«Wie haben Sie Ihre Frau kennengelernt?» fragte ich.

Norman strahlte.

«Es war Zauberei. Ein Blick, und ich habe mich in sie verliebt! Ich war völlig berauscht. Sie ging mir nicht mehr aus dem Sinn. Sie war eine Sportskanone, Dutzende von anderen Typen waren hinter ihr her. Ich mußte richtig um Nancy kämpfen. Sie war sehr beliebt und konnte wählerisch sein.

Damals hat sie gern mit mir geschlafen, überall. Einmal lachte sie mich aus, weil ich zu müde war. Ich sagte im Spaß zu ihr: ‹Du bist ja unersättlich.› ‹Ich dachte, Männer bekämen nie genug›, sagte sie, ‹sie reden doch dauernd von Frauen, die immer wollen.›»

Er lächelte verhalten. «Das hat mir irgendwie wehgetan. Ich mußte von da ab daran denken, daß sie schon andere Männer vor mir hatte. Ich wollte nichts von ihrer Vergangenheit hören.»

Ich spürte den Stein im Magen.

«Ich wollte Nancy unbedingt heiraten. Aber sie sagte, sie wäre noch nicht reif für eine langfristige Beziehung. Dann wurde sie schwanger; ihr Diaphragma hätte nicht richtig gepaßt, sagte sie. Na, ich war jedenfalls überglücklich. Ich liebte sie, und nichts war mir lieber als ein Kind mit ihr. Sie sagte nicht gleich ja. Ich weiß, daß sie hin und her überlegte, ob sie allein ein Kind haben wollte. Sie war damals sehr unabhängig. Doch schließlich willigte sie ein.» Norman lächelte.

«Wir heirateten im kleinen Kreis, nur mit ein paar guten Freunden. Nancys Vater war natürlich nicht dabei, er hatte sich davongemacht, als sie vier war. Aber ihr Onkel machte ihr ein paar nette Komplimente. Sie standen sich immer sehr nahe. Ihre Mutter weinte die ganze Zeit.

Die nächsten Monate waren ziemlich übel. Wir wohnten bei ihrer Mutter, während wir nach einer eigenen Wohnung suchten. Nancy hatte Depressionen und schlief viel. Sie konnte ohnehin nicht mehr so gut herumlaufen, deshalb ging ich jeden Morgen los auf Wohnungssuche.»

Er zog ein Taschentuch heraus und schneuzte sich die Nase.

«Es war nicht leicht, eine Wohnung zu dem Preis zu finden, den wir zahlen konnten. Ich habe alles probiert. Mehr als einmal bin ich zurückgekommen und habe mich bei ihr ausgeweint. Es war einfach zuviel. Einmal habe ich einen Mietvorschuß für ein paar Zimmer über einem Lebensmittelladen bezahlt. Als ich Nancy dorthin mitnahm, damit sie es sich ansah, sagte sie, da könnte sie nicht leben, es sei zu niederdrückend. Sicher, die Zimmer waren klein, sie rochen schlecht, und Licht gab es auch nicht. Sie machte sich endlich selbst auf und fand etwas Besseres.»

Norman sah auf seine Füße. «Als sie das Kind hatte, wurde alles anders. Wir kamen gut miteinander aus, ich meine, ich habe ihr jeden Gefallen getan, aber sie hatte keine große Lust mehr zum Bumsen, verstehen Sie? Sie hat mich nie abgewehrt, aber sie hat auch nicht ... nun, sie war nicht ...» Er zuckte hilflos die Achseln. «Vielleicht hat sie es einfach nie so gemocht, wie ich dachte.»

«Ich verlegte mich aufs Reisen», fuhr er fort, «ich war viel unterwegs. Es war eigentlich gar nicht nötig, aber ich kam dadurch von zu Hause weg. Nancy machte mir nie Vorwürfe, wenn ich wieder losfuhr, sie küßte mich immer zärtlich zum Abschied. ‹Viel Spaß›, sagte sie, ‹laß es dir gutgehen!›

Als ob ich das gekonnt hätte! Ich konnte nicht länger als ein paar Tage von daheim fort sein, ohne Heimweh zu bekommen. Manchmal lernte ich eine Frau kennen, aber ich war einfach so einsam ohne Nancy. Ich konnte mich ohne sie nie richtig amüsieren.»

Er zuckte wieder die Achseln. «Kann ich immer noch nicht.»

Dies ist unsere vierte gemeinsame Sitzung. Manches fügt sich allmählich zusammen.

Norman hat das, was man eine gespaltene Anima nennt. Da ist einmal die Muttertyp-Anima, das innere Bild einer Frau, die Geborgenheit und emotionale Sicherheit repräsentiert. Dieses Bild projiziert er auf seine Frau. Und zum anderen ist da die ungebundene Teufelskerl-Anima, die er automatisch auf jede Frau projiziert, die sexuell auf ihn anspricht.

Norman steckt irgendwo dazwischen. Allerdings hat die Mutter die Oberhand; er kann sich zwar mit einer anderen Frau einlassen, aber ohne echten Genuß.

Psychologisch hat die Anima bei einem Mann die Funktion der Seele. Jung nennt sie den Archetyp des Lebens. Wenn ein Mann voller Leben ist, ist er «beseelt». Ein Mann ohne Verbindung zu seiner Seele wirkt stumpf und leblos. Heute nennen wir das Depression – das Hauptsymptom einer Krise in der Lebensmitte –, aber die Erfahrung ist nicht neu. Der primitive Mensch nannte es den Verlust der Seele.

Ich erinnere mich noch, wie ich mich in meine spätere Frau verliebt habe. Wir waren damals in Paris, auf halber Höhe des Eiffelturms. Es war sehr neblig. Wir kuschelten uns aneinander und küßten uns. Das war's, ich war geliefert. Und tatsächlich machte ich Freudensprünge.

Es klappte nicht mit mir und meiner Frau, aber ich träume immer noch von ihr. Als wir uns trennten, fiel ich ungefähr drei Jahre in eine Depression. Ich mag die Beschreibung dieses Zustandes als «Verlust der Seele», denn genauso fühlt er sich an.

Ein Mann, dem seine weibliche Seite unbewußt ist, neigt zu Stimmungsschwankungen und Sentimentalität – er ist animabesessen. Indem er seinen Stimmungen und gefühlsmäßigen Reaktionen Beachtung schenkt, kann er sich in den Besitz seiner Seele bringen, statt von ihr besessen zu werden.

Jung hat im allgemeinen zwischen vier Anima-Stadien in der psychologischen Entwicklung des Mannes unterschieden. Diese personifizierte er als Eva, Helena, Maria und Sophia.

Im ersten, dem *Eva*-Stadium, ist die Anima ganz und gar an die Mutter gebunden – nicht unbedingt die leibliche Mutter, sondern das Bild der Mutter als treue Spenderin von Nahrung, Sicherheit und Liebe. Ein Mann mit einer Anima dieses Typs kommt ohne vitale Verbindung zu einer Frau nicht gut zurecht und läßt sich nur allzuleicht von dieser beherrschen. Er leidet häufig unter Impotenz oder hat überhaupt keine sexuellen Lustgefühle.

Im zweiten Stadium, das durch die historische Figur der *Helena* von Troja personifiziert wird, ist die Anima ein kollektives Sexualsymbol. Sie ist Marlene Dietrich, Marilyn Monroe und Tina Turner in einer Person. Ein Mann, der unter ihrem Bann steht, ist oft ein Don Juan und läßt sich gern auf sexuelle Abenteuer ein. Diese sind unweigerlich nur von kurzer Dauer, und zwar aus zwei Gründen: 1. Er ist ein Leichtfuß – seine Gefühle sind unbeständig und am Morgen oft wie weggeblasen. 2. Keine Frau kann die Erwartungen erfüllen, die mit seinem unbewußten Idealbild verknüpft sind.

Das dritte Stadium der Anima ist *Maria*. Es kommt in religiösen Gefühlen und der Fähigkeit zu aufrichtiger Freundschaft mit dem anderen Geschlecht zum Ausdruck. Ein Mann mit diesem Animatyp ist in der Lage, eine Frau unabhängig von seinen eigenen Bedürfnissen so zu sehen, wie sie ist. Seine Sexualität ist in sein Leben integriert und keine autonome Funktion, die ihn beherrscht. Er kann zwischen Liebe und Lust unterscheiden. Er ist zu dauerhaften Beziehungen fähig, weil er den Unterschied zwischen dem Gegenstand seines Begehrens und seinem inneren Bild der Frau kennt.

Im vierten Stadium, als *Sophia* (die in der Bibel Weisheit genannt wird), dient die Anima dem Mann als Führerin in sein Innenleben und vermittelt seinem Bewußtsein unbewußte Inhalte. Sophia steckt hinter dem Bedürfnis, sich mit großen philosophischen Fragen auseinanderzusetzen, hinter der Suche nach Sinn. Sie ist die Beatrice in Dantes *Inferno,* die schöpferische Muse im Leben eines jeden Künstlers. Sie ist die natürliche Gefährtin des «weisen alten Mannes» in der männlichen Psyche. Die Sexualität eines Mannes in diesem Stadium ist ganz von Natur aus überschwenglich, da sie eine spirituelle Dimension einschließt.

Theoretisch macht die Anima eines Mannes diese verschiedenen Entwicklungsstufen durch, während er älter wird. Wenn die Möglichkeiten der einen erschöpft sind – das heißt, wenn die Anpassung an sich selbst und an äußere Umstände es erfordern –, drängt die Psyche auf eine Weiterbewegung ins nächste Stadium.

Tatsächlich vollzieht sich der Übergang von einer Phase in die andere nur selten kampflos – wenn überhaupt –, denn die Psyche fördert und unterstützt nicht nur Wachstum, sondern ist paradoxerweise auch konservativ und verabscheut es zutiefst, etwas aufzugeben, was sie kennt. Daher kommt es häufig zu einer psychologischen Krise, wenn bei einem Mann die zwingende Notwendigkeit besteht, von einem Stadium ins nächste zu wechseln.

Andererseits kann ein Mann zu jedem Zeitpunkt seines Lebens mit jedem dieser Animabilder zeitweise in Verbindung treten, je nachdem, was zur Kompensation der dominanten bewußten Einstellung erforderlich ist.

Norman sitzt gegenwärtig zwischen Eva und Helena fest. Wenn er seine Frau anschaut, sieht er nicht Nancy, sondern Eva. Wenn er vorübergehend den Reizen einer anderen Frau erliegt, sieht er Helena. Ab und zu tut er einen flüchtigen Blick auf Maria, seine Frau in ihrer Unabhängigkeit und ihrem Anderssein – etwa wie sie war, ehe er ihr begegnete, was ihn im Grunde mit Entsetzen erfüllt –, aber er ist noch weit von jeder Fühlungnahme mit Sophia entfernt.

Das innere Bild der Frau, das ein Mann hat, wird ursprünglich durch seine Erfahrungen mit der persönlichen Mutter geprägt. Später wird es durch den Kontakt zu anderen Frauen – Verwandten, Lehrerinnen usw. – modifiziert, aber die Erfahrung der persönlichen Mutter ist so stark und nachhaltig, daß ein Mann sich selbstverständlich zu solchen Frauen hingezogen fühlt, die ihr ähnlich sind – oder zum genauen Gegenteil.

Jeder Mann, dem seine weibliche Seite nicht bewußt ist, wird diesen Aspekt seiner selbst, seine Seele, unweigerlich in einer wirklichen Frau sehen. Diese Erfahrung wird am häufigsten dadurch gemacht, daß man sich verliebt. Um das verstehen zu können, müssen wir den Begriff der Projektion einmal genauer unter die Lupe nehmen.

Wir neigen von Natur aus zu der Überzeugung, die Welt sei so, wie wir sie sehen, und die Leute entsprächen unserer Vorstellung von ihnen. Wir lernen jedoch bald, daß dem keineswegs so ist, denn wir merken, daß unsere Mitmenschen häufig ganz anders sind, als wir angenommen hatten. Wenn sie uns nicht sehr nahe stehen, denken wir nicht weiter darüber nach. Aber wenn es sich um einen guten Freund handelt, sind wir am Boden zerstört.

Jung behauptete, daß wir ständig unsere eigenen unbewußten Inhalte auf unsere Umwelt projizieren. Wir sehen uneingestandene Züge unserer selbst bei anderen Menschen. Auf diese Weise schaffen wir eine Reihe von imaginären Beziehungen, die oft wenig oder gar nichts mit dem anderen zu tun haben.

Niemand kann sich dessen erwehren. Es ist ganz natürlich, daß unbewußte Inhalte projiziert werden. So ist das Leben. Die Projektion ist oft negativ dargestellt worden, dabei schlägt sie, positiv betrachtet, eine Verständigungsbrücke zwischen den Menschen, die Freundschaft und Kommunikation erleichtert. Sie schmiert das Getriebe. Ebenso wie im Falle der Komplexe wäre das Leben um vieles langweiliger ohne die Projektion.

Auch auf Dinge läßt sich projizieren. Das wurde als Fetischismus bezeichnet und galt allgemein als ungesund. Die Leute lachten den aus, der beispielsweise eine Schwäche für Schuhe oder Knöpfe hatte. Sie tun es immer noch, aber inzwischen wissen die Psychologen, daß derlei eine innere symbolische Bedeutung hat.

Einmal ging ich an einem trübseligen Nachmittag in den Hügeln außerhalb von Zürich spazieren, in Selbstmitleid versunken, als ich etwas auf dem Weg erspähte. Ich bückte mich und hob es auf. Es war ein kleiner schwarzer Elefant aus Ebenholz. Das war etwas Numinoses, Magisches für mich. Ich verliebte mich in diese Figur.

Ich faßte es als einen Fall von Synchronizität auf, wie Jung es nennt, wo ein äußeres Ereignis mit einem inneren Erlebnis zusammenfällt.[43] Ich nahm an, daß es etwas mit meiner Psyche zu tun hatte, und verbrachte die nächsten Jahre damit, zu ergründen, was das sein mochte.

Ich sah mir Elefanten im Zoo an, las Bücher über sie, sammelte sie. Ich malte Bilder von Elefanten, und Elefanten tummelten sich in meinen Träumen. Heute bin ich umgeben von Elefanten aller Art und Größe, und viele Haushaltsgegenstände wie Krüge, Lampen, Aschenbecher, Blumenständer, Brieföffner, Körbe und sogar eine Tischglocke haben Elefantenform. Ich habe eine ziemlich genaue Vorstellung davon, was Elefanten für mich bedeuten und warum ich den ersten gefunden habe.

Hier einige wenig bekannte Fakten über Elefanten:

Königin Maya, die Mutter Buddhas, träumte in der Nacht, als sie den Vollendeten empfing, ein weißer Elefant gehe in ihren Schoß ein. (Das entspricht Mariä Verkündigung im Christentum.)

Im Kundalini-Yoga ist der Elefant das Sinnbild des *Muladhara*-Chakra, des niedrigsten spirituellen Körperzentrums, das irgendwo zwischen Anus und Genitalien liegt. (Es ist besonders aktiv, heißt es, wenn ein Mensch deprimiert ist.)

Der Elefant hat einen Penis, dessen Länge in nichterigiertem Zustand sechs Fuß mißt.

Eine alte Sage erzählt, daß Elefanten einst fliegen und ihre Gestalt verändern konnten wie Wolken. Eines Tages landete eine Herde auf einem Ast, der abbrach und einen Heiligen tötete. Seitdem sind sie verdammt, auf der Erde zu gehen. (Ähnlich ist es, wenn jemand in Hochstimmung war und herunterkommt. Vielleicht liegt es *daran,* daß ich Höhen nicht mag.)

Der gefährlichste Feind des Elefanten ist die Schlange, das allgegenwärtige Symbol des Unbewußten. (Ich habe auch Schlangen gemalt, und einmal habe ich es fertiggebracht, daß sich Elefant und Schlange küßten.)

Kürzlich habe ich von einem Mann gelesen, der sich vier Jahre lang mit zwei Elefanten versteckt hielt. Er hatte sie von klein auf großgezogen und dann verkauft, sie jedoch in der Überzeugung, es würde nicht gut für sie gesorgt, eines Nachts zurückgeholt und war seitdem nicht mehr gesehen worden.

In der Zeitung hieß es, seine Tochter habe gesagt: «Es ist keine

---

[43] Siehe C. G. Jung: «Synchronizität als ein Prinzip akausaler Zusammenhänge», *Die Dynamik des Unbewußten,* GW 8.

Kleinigkeit, sich zusammen mit ein paar Elefanten zu verstecken. Ich kann nur sagen, daß mein Vater ein sehr kluger Mann ist.»[44]

Allerdings. Und Elefanten sind unsichtbar. Das habe ich in meine Liste wenig bekannter Fakten über Elefanten aufgenommen.

Es gibt die passive Projektion und die aktive Projektion. Passive Projektion geschieht vollkommen automatisch und unbeabsichtigt. Unsere Augen treffen in einem menschenüberfüllten Raum die eines anderen, und schon sind wir hin und hoffnungslos verliebt in diesen Menschen. Dabei wissen wir womöglich nichts von dieser Person; Tatsache ist, daß es um so leichter ist zu projizieren, je weniger wir wissen – wir füllen die Leere mit uns selbst.

Aktive Projektion wird auch Empathie (Einfühlung) genannt. Man schlüpft sozusagen in die Haut des anderen, indem man sich vorstellt, was er oder sie gerade durchlebt. Für den Analytiker ist das eine wirkliche Fähigkeit. Ohne sie steht ihm eine lange Reihe langweiliger Sitzungen mit uninteressanten Leuten bevor, die unvorstellbare Probleme haben. Mit ihr ist er fein heraus.

Zwischen Empathie und Identifikation liegt nur ein schmaler Grat. Die Identifikation trennt nicht zwischen Subjekt und Objekt, sie macht keinen Unterschied zwischen mir und dem anderen. Wir sind zwei Erbsen in einer Schote. Was für mich gut ist, muß auch für sie oder ihn gut sein. Aufgrund dieser falschen Vorstellung scheitern viele Beziehungen. Sie ist auch die Motivation für viele gutgemeinte Ratschläge an andere und die Voraussetzung für jedes therapeutische System, das auf Suggestion oder auf der Adaption an kollektive Verhaltensweisen und Ideale beruht.

Eine Therapie auf dieser Grundlage schadet mehr, als sie nützt. Darum bestand Jung darauf, daß angehende Psychoanalytiker sich erst selbst einer gründlichen Analyse unterziehen müßten, ehe sie auf die Menschheit losgelassen werden. Nur durch die genaue Kenntnis meiner eigenen Komplexe und Anlagen kann ich absehen, wo ich aufhöre und der andere beginnt.

Selbst dann bin ich nicht immer hundertprozentig sicher. Wenn jemand wie Norman aufkreuzt, muß ich wirklich aufpassen.

In Beziehungen ist die Identifikation genauso verbreitet wie Bratkartoffeln. Das beschwört stets Schwierigkeiten herauf. Wenn man sich mit dem anderen identifiziert, ist das eigene emotionale

---

[44] *Toronto Globe and Mail* vom 28. März 1988.

Wohlbefinden eng mit den Stimmungen der betreffenden Person und ihrer Einstellung zu einem selbst verbunden. Daraus wird leicht klettenhafte, klebrige Sentimentalität.

Ich bin meinem Freund Arnold für seine Beobachtung dankbar, daß die Psychologie einer solchen Situation doch treffend in dem alten Schlager ausgedrückt ist: «I want to be happy, but I can't be happy, till I make you happy too.»

Eine klassische Doppelbindung. Man schafft es nicht, unabhängig zu sein, und die eigene Abhängigkeit bewirkt, daß der andere dafür verantwortlich gemacht wird, wie *man selbst* sich fühlt. Und weiter: Man hat eine Beziehung, die sich psychologisch nicht von der zwischen Eltern und Kind unterscheidet. Noch schlimmer: Es ist Augenblick für Augenblick schwer zu sagen, welcher Partner ein Elternteil ist und welcher Kind.

Unseren Kindern gegenüber mögen wir diese Verantwortung gern auf uns nehmen, aber zwischen Erwachsenen ist sie auf die Dauer unhaltbar. Keiner von beiden kann einen Handgriff tun, ohne die Wirkung und Rückwirkung auf den anderen in allen Variationen zu bedenken; dadurch wird die Selbstverwirklichung beider stark gehemmt.

Projektion, die nicht in Identifikation umschlägt, ist im Grunde recht nützlich. Wenn wir annehmen, daß irgendeine Fähigkeit oder Eigenschaft beim anderen vorhanden ist, und dann durch Erfahrung merken, daß es gar nicht stimmt, muß uns klar werden, daß die Welt nicht unsere Schöpfung ist. Bei einigem Nachdenken können wir auch etwas über uns selbst in Erfahrung bringen.

Dieser Vorgang wird als Rücknahme von Projektionen bezeichnet. Er vollzieht sich nicht über Nacht und ist so schmerzhaft wie nur etwas.

Es ist nur dann notwendig, Projektionen zurückzunehmen, wenn die Erwartungen, die wir in andere setzen, enttäuscht werden. Wenn keine auffällige Diskrepanz zwischen dem besteht, was wir erwarten oder für wahr halten, und der Wirklichkeit, mit der wir konfrontiert sind, besteht auch keine Notwendigkeit, Projektionen zurückzuziehen. Einem geschenkten Gaul schaut man nicht ins Maul, und schlafende Hunde weckt man nicht – solange es gutgeht.

Ich denke darüber nach, wie das alles auf Norman paßt.

Norman hat sich nicht in Nancy verliebt. Er hat sich in seine eigene Seele verliebt, mit anderen Worten: in sich selbst. Zu dem

Zeitpunkt, als er Nancy kennenlernte, war sie offenbar ein guter Aufhänger dafür: sowohl beschützende Mutter (Eva) als auch willige Sexpartnerin (Helena). Seine Einstellung zu ihr hat sich nicht geändert. Aber Nancys. Kein Wunder, daß er leidet. Sie hat sich schließlich geweigert, seine Seele zu sein. Norman ist im Niemandsland gestrandet. Er ist mit einer Frau verheiratet, die nicht mehr das verkörpert, in was er sich verliebt hat.

Ich brauche Norman nicht klarzumachen, daß er etwas auf seine Frau projiziert, denn er drängt im Innersten bereits auf diese Erkenntnis hin. In der Zwischenzeit geht es ihm so, wie es mir ging: Er leidet unter dem Verlust der Seele. Das einzige Heilmittel ist in diesem Fall, sich das bewußtzumachen, was er in seiner Frau gesehen hat und immer noch sieht, und es dagegen abzuwägen, wie er sie gegenwärtig erlebt.

Sicher, ihm wird immer noch eine Seele fehlen. Aber er wird zumindest aufhören können, von seiner Frau zu erwarten, etwas zu sein, was sie nicht ist.

In der Regel wird in diesem Fall bei einer anderen Frau nach der Seele gesucht. Ich selbst habe das auch getan - etwa zwanzigmal. Beim geringsten Anlaß konnte ich mich schon verlieben. Arnold fand das erstaunlich.

«Du armes Schwein», pflegte er zu sagen, wenn ich wieder mit verklärtem Blick nach Hause kam, «wie kannst du nur!»

«Diese liebe ich wirklich», protestierte ich dann, «diesmal ist es Ernst.»

«Ach ja?» sagte er nur, «erzähl doch mal.»

Arnold gab zu, daß er unter einem negativen Mutterkomplex stand. Er betrachtete alle Frauen mit Argwohn, besonders diejenigen, die ich mitbrachte. Er sah immer niedere Beweggründe, ob zu Recht oder Unrecht. Wenn ich einen Engel zu erblicken glaubte, sah er eine Hexe. Er sagte mir einmal, es sei ihm unmöglich, sich zu verlieben, weil er zuviel über sich selbst wüßte.

«Meine Anima ist eine gefühllose Schlampe», sagte er ganz ruhig.

Schließlich verliebte er sich doch, und zwar in eine liebliche, muntere Elfe. Soviel zur Kompensation.

Es stimmt allerdings, daß ein Mann unter der Fuchtel eines positiven Mutterkomplexes sehr anfällig ist, was Frauen betrifft. Seine Anima ist zweifellos blauäugig, und er sieht Frauen durch eine rosarote Brille. Er hat aufrichtig etwas für Frauen übrig und neigt dazu, sich mit ihnen zu identifizieren. Er ist gern in ihrer Gesellschaft, weil er sich darin wohl fühlt. Oft ist er ein charmanter Liebhaber, ein Don Juan, der nicht nein sagen kann. Typisch ist auch, daß er übersensibel ist und daß seine Gefühle schnell verletzt sind.

Ein solcher Mann braucht die bewußte Verbindung zu seinem Schatten, diesem unbarmherzigen Schurken, der sich verheerend auf die Herzen nichtsahnender Frauen auswirkt, wenn er im Unbewußten lauern darf.

Er könnte auch eine etwas härtere Persona gebrauchen, gewissermaßen eine Elefantenhaut.

Ein Mann mit einem positiven Mutterkomplex strebt das Ideal der Zusammengehörigkeit an. Obwohl ohne Beziehung keine individuelle psychologische Entwicklung – Individuation – möglich ist, ist Individuation doch unvereinbar mit Zusammengehörigkeit. Individuation erfordert die Konzentration auf eine innere Achse, die Achse zwischen dem Ich und dem Unbewußten. Zusammengehörigkeit verwischt oder zerstört die Grenzen, denn sie zielt auf die Vermischung eines Ichs mit einem anderen ab.

Die Individuation eröffnet die Möglichkeit, auf der Grundlage persönlicher Integrität miteinander in Beziehung zu treten. Zusammengehörigkeit bedeutet ein Miteinanderverschmelzen, das Verschwimmen zweier Individualitäten zu einer.

Die «gemeinsame Front», die Normans Ehe kennzeichnet, beruht auf dem Ideal der Zusammengehörigkeit. Norman identifiziert sich mit seiner Frau; in seiner großen Ergebenheit vergißt er manchmal, daß er selbst dabei abstirbt. Gleichzeitig stellt sich bei ihm allmählich Verstimmung ihr gegenüber ein. Die Bindung lokkert sich, aber sie ist immer noch ziemlich fest. Das ist nicht verwunderlich, da sie sich beide jahrelang im geheimen Einvernehmen der Fiktion hingegeben haben, sie hätten keinerlei Probleme.

Sie haben weder Zank noch Streit, nicht, weil sie keine Probleme hätten, sondern weil sie einander ihre wahren Gefühle nicht eingestehen. Das wiederum können sie nicht, da keiner eine Disharmonie ertragen kann.

Wenn ich Norman wäre, würde ich sämtliche Kleidungsstücke der Frau nehmen und in Fetzen reißen. «Da», würde ich sagen, «jetzt geh mit deinem Freund aus.» Das würde ihr zeigen, wie mir zumute ist. Wenn ich seine Frau wäre, würde ich Norman eins mit dem Baseball-Schläger auf die Rübe hauen.

Doch das ist eine rein persönliche Phantasie.

Ich habe keineswegs das Gefühl, daß Norman seine Frau verlassen sollte. Sicher, ich bin ein bißchen zynisch in Sachen Eheglück, aber wenn Norman seine Frau realistischer sieht – wenn er seine Projektion zurückziehen kann –, wäre ihre Ehe vielleicht noch zu retten. Es hängt davon ab, ob er das, was er dann sieht, leiden kann oder nicht, und davon, ob *sie* mag, was er sieht.

Wie sich Normans und Nancys Situation entwickeln wird, ist völlig ungewiß. Ich weiß nur, daß ich auf jeden Fall immer, wenn er sich für die eine Seite entscheiden will, für die andere Seite Partei ergreife. Meine Aufgabe besteht darin, den Konflikt wachzuhalten, bis er weiß, was er tut und warum.

An der Art und Weise, wie Norman seine Frau ursprünglich erlebt hat, ist nichts auszusetzen. Das lag an seiner damaligen Psychologie. Und an ihrer natürlich auch. Ihre Anziehungskraft für ihn sagt etwas über ihren «inneren Mann» aus, ihren Animus, der natürlich auf Norman projiziert wird oder zumindest wurde.

Was hat sie in ihm gesehen? Was hat sie erwartet? Wie Norman es erzählt, war sie nicht wie er «berauscht», willigte jedoch ein, ihn zu heiraten. Warum? Nur weil sie schwanger war? Das glaube ich nicht. Ich glaube, sie sah etwas in ihm, das einem inneren Sehnen bei ihr entsprach.

Das innere Bild, das eine Frau von einem Mann hat, ist stark gefärbt durch ihre Erfahrungen mit dem persönlichen Vater. Ebenso wie ein Mann gewissermaßen die eigene Mutter heiraten will, neigt eine Frau dazu, einen Mann zu bevorzugen, der psychologisch ihrem Vater ähnlich ist; oder das genaue Gegenteil.

Während die Anima bei einem Mann die Funktion seiner Seele hat, ist der Animus einer Frau eher wie etwas Unbewußtes. Er manifestiert sich negativ in fixen Ideen, unbewußten Annahmen und kollektiven Meinungen, die generell richtig sein mögen, in einer bestimmten Situation jedoch oft am Kern der Sache vorbeigehen. Eine unbewußte Frau ist immer höchst rechthaberisch (animusbesessen). Diese Art von Frau hat im sprichwörtlichen Sinne die Hosen an, sie ist Herr im Haus – oder versucht es jedenfalls. Sie wird den Mann einerseits bis zum Wahnsinn treiben und ihn andererseits kaltlächelnd seiner Männlichkeit berauben.

Der Animus einer Frau wird nur dann zu einem hilfreichen psychologischen Faktor, wenn sie zwischen «ihm» und sich selbst unterscheiden kann. Während das Anliegen des Mannes, seine Anima zu assimilieren, die Entdeckung seiner wahren Gefühle miteinschließt, muß die Frau dauernd ihre Vorstellungen und Meinungen in Frage stellen und gegen das aufwiegen, was sie wirklich denkt. Wenn sie das tut, kann ihr Animus mit der Zeit zu einem wertvollen inneren Gefährten werden, der ihr positive männliche Qualitäten wie Unternehmungsgeist, Mut, Objektivität und spirituelle Weisheit verleiht.

Jung beschreibt vier Stufen der Animus-Entwicklung bei der Frau, die den Anima-Stadien des Mannes vergleichbar sind. Zuerst erscheint er im Traum und in Phantasien als Phallus, als Verkörperung physischer Macht, beispielsweise als Athlet oder «Muskelprotz». In dieser Phase entspricht er der Eva-Anima. Für eine Frau mit einem solchen Animus ist der Mann bloß ein Zuchthengst, einzig dazu da, sie zu befruchten und ihr Kinder zu verschaffen.

Im zweiten Stadium, das der Helena-Anima entspricht, besitzt der Animus Initiative und die Fähigkeit zu planmäßigem Handeln. Er ist die Triebfeder hinter dem Wunsch einer Frau nach Unabhängigkeit und einer eigenen Karriere. Eine Frau mit einem Animus dieses Typs unterhält zwar ihre Beziehungen zu einem Mann immer noch auf einer kollektiven Ebene, aber der Mann ist jetzt ganz allgemein der Mann und Vater, der Haushälter, der in erster Linie die Rolle hat, seiner Familie ein Obdach zu geben und für sie zu sorgen.

Im nächsten Stadium, das der Maria-Anima entspricht, ist der Animus das «Wort» und nimmt im Traum oft als Professor oder Geistlicher Gestalt an. Eine Frau mit einem solchen Animus legt großen Wert auf klassische Bildung; sie ist zu fundierter kreativer Arbeit fähig und begrüßt jede Gelegenheit, ihren Geist zu üben. Sie vermag auf individueller Ebene, als Geliebte, mit einem Mann in Beziehung zu treten.

Im vierten Stadium ist der Animus die Inkarnation spiritueller Sinnhaftigkeit – ein Ghandi oder Martin Luther King. Auf dieser höchsten Stufe, der Sophia-Anima vergleichbar, vermittelt der Animus zwischen dem Bewußtsein und dem Unbewußten der Frau. In der Mythologie tritt er als Hermes, der Götterbote, in Erscheinung; im Traum ist er ein hilfreicher Führer. Für eine solche Frau ist die Sexualität mehr als bloß ein genußvoller körperlicher Akt; sie ist von spiritueller Bedeutung durchdrungen.

Jeder dieser Züge des Animus kann und wird auf einen Mann projiziert werden, von dem dann erwartet wird, daß er auch so ist, wie die Frau ihn sieht. Wie zuvor bereits erwähnt, gilt das gleiche für die Anima. Folglich sind an jeder Beziehung zwischen einem Mann und einer Frau mindestens vier Persönlichkeiten beteiligt. Was die Kommunikation betrifft, ergeben sich verblüffende Möglichkeiten, wie das Diagramm zeigt.

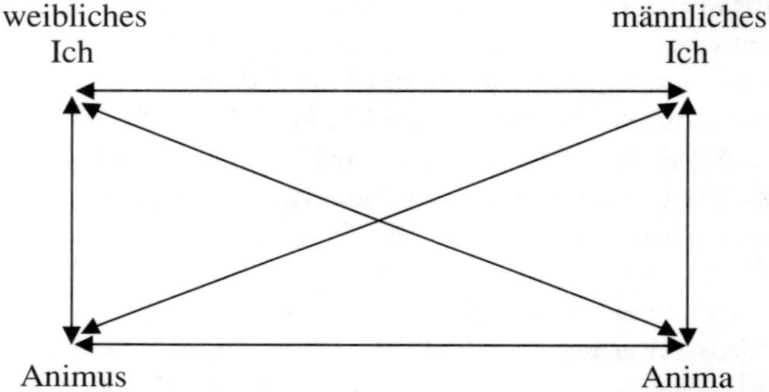

Wenn nun ein Partner aus einer intensiven Beziehung in der Analyse ist, sind letztlich beide da. Ich kann Norman nicht isoliert sehen, da er als eigenständige Person gar nicht existiert. Ich kann nur aus seinen Kommentaren die Psychologie seiner Frau und seine Erfahrungen mit ihr herauslesen, aber wenn Norman nicht Nancy passen würde wie ein Handschuh, wäre sie längst fort – oder er.

Ich glaube, der Animus von Normans Frau schwankt irgendwo zwischen Stadium zwei und drei hin und her, je nachdem, mit wem sie sich abgibt. Einerseits hat sie eine Vorstellung von Norman als Mann und Vater (eine Rolle, die er sich zu erfüllen bemüht), und andererseits hat sie einen Liebhaber, der ihr eigenes ungelebtes schöpferisches Sein verkörpert.

In seinem Essay «Die Ehe als psychologische Beziehung» spricht Jung von dem einen Partner als dem Enthaltenden und dem anderen als dem enthalten sein Wollenden. Der Partner, der enthalten sein will, hält sich strikt an die Grenzen der Ehe; außerhalb der Ehe gibt es für ihn keine wesentlichen Verpflichtungen oder bindenden Interessen. Der Enthaltende indessen fühlt sich dadurch gehandikapt und sucht Erleichterung in außerehelichen Beziehungen.[45]

Was Norman und Nancy betrifft, so läßt sich schwer sagen, wer von beiden der Enthaltende ist und wer enthalten sein will: Beide pflegen außereheliche Beziehungen, suchen jedoch gleichzeitig Sicherheit, das «Enthaltensein» in der Ehe. Sie müssen zweifellos an ihrer Beziehung arbeiten.

An einer Beziehung zu arbeiten heißt nicht, daß die Partner sich über die psychologische Bedeutung oder die Implikationen dessen, was zwischen ihnen vorgeht, unterhalten sollten. Weit gefehlt. Besonders dann nicht, wenn es Streitigkeiten gibt oder dicke Luft herrscht. Es genügt zu bemerken, daß einer von beiden schlecht gelaunt oder verletzt ist, statt die Situation durch Gespräche über Anima und Animus, Komplexe usw. zu psychologisieren. Das sind schließlich nur theoretische Konstrukte, und die Konzentration auf reine Theorie ist ein sicherer Weg, einen von beiden zum Wahnsinn zu treiben. Beziehungen leben von Gefühlswerten und nicht von dem, was in Büchern geschrieben steht.

Man arbeitet an seiner Beziehung, indem man den Mund hält, wenn man eigentlich aus der Haut fahren möchte. Indem man seine Affekte nicht am anderen ausläßt. Indem man stillschweigend das Schlachtfeld verläßt und sich die Haare rauft. Indem man sich selbst – nicht den Partner – fragt, welcher Komplex bei einem aktiviert wurde und zu welchem Zweck. Die richtige Frage lautet nicht: «Warum tut er oder sie mir das an?» oder: «Was glaubt er/sie eigentlich, wer er/sie ist?», sondern: «Warum handle ich so?» – «Was glaube *ich* eigentlich, wer er/sie ist?» Und weiter: «Was sagt das über meine Psyche aus? Was kann ich in diesem Fall tun?» So schafft man einen Behälter, ein Gefäß, ein persönliches Temenos.

Statt dem anderen vorzuwerfen: «Du machst mich wahnsinnig!», sagt man lieber zu sich selbst: «Ich merke, daß es mich wahnsinnig macht – woher in meinem Innern kommt das bloß?»

Sicherlich muß eine starke Empfindung manchmal zum Ausdruck kommen, wenn sie nicht von einem Komplex herrührt, sondern von aufrichtigen Gefühlen. Hier gilt es fein zu unterscheiden, und auch dabei kann einem ein Behälter helfen. Man spürt

---

45 Siehe C. G. Jung: *Über die Entwicklung der Persönlichkeit*, GW 17.

den Unterschied, wenn man etwas hat, in dem man Dinge herumschütteln kann. Und dann kann man seinem Herzen Luft machen.

Normans Gefühle beispielsweise stammen nicht alle von Komplexen her. Manche entstehen durch Bedürfnisse, die für seine Individuation lebenswichtig sind. Wenn er den Unterschied kennt, ist der Zeitpunkt zum Reden gekommen.

Im großen und ganzen arbeitet man an einer Beziehung, indem man seine Stimmung für sich behält und sie erforscht. Die Emotionen werden weder aufgestaut noch dürfen sie die Beziehung vergiften. Das Gute an dieser Vorgehensweise ist, daß sie uns vollkommen auf die Erfahrung unserer selbst zurückwirft. Uns vorzustellen, wir könnten den Menschen ändern, den wir für die Ursache unseres Herzeleids halten, ist töricht. Aber mit dem richtigen Behälter können wir uns und unsere Reaktionen verändern.

Eine Zeitlang galt das Motto, man müsse «alles herauslassen». Damit wird jedoch nur dem Komplex Vorschub geleistet. Der Trick ist der, einigen Abstand vom Komplex zu gewinnen, ihn zu objektivieren und ihm gegenüber Stellung zu beziehen. Das geht nicht, wenn man sich mit ihm identifiziert und keinen Unterschied macht zwischen sich selbst und dem Gefühl, das einen an der Kehle packt, sobald ein Komplex aktiv wird. Und es geht nicht ohne einen Behälter.

Das endlose Gequatsche zwischen zwei Menschen mit Komplexen hilft keinen Schritt weiter. Es ist reine Zeit- und Energieverschwendung und verschlimmert die Lage meistens nur noch. Das ist jedenfalls die allgemeine Erfahrung. Jung drückt es sehr anschaulich aus: «Wenn Animus und Anima sich begegnen, so zückt der Animus das Schwert seiner Macht, und die Anima spritzt das Gift ihrer Täuschung und Verführung.»[46]

Die Begegnung von Anima und Animus ist natürlich nicht immer negativ. Die beiden können sich genausogut ineinander verlieben. Doch die Hauptstreitigkeiten in einer Beziehung kommen dadurch zustande, daß der Mann seine Anima auf die Frau projiziert und die Frau ihren Animus auf den Mann.

Intellektuell können wir das durchaus verstehen, aber wenn sich jemand, den wir lieben, nicht unseren Erwartungen entsprechend verhält – also von dem Bild abweicht, das wir von ihm oder ihr

[46] «Die Syzygie: Anima und Animus», *Aion,* GW 9/2, Par. 30.

haben –, bricht die Hölle los. Das hat man dann von seinen Komplexen. Herz und Verstand klaffen auseinander. Unsere Reaktionen durchlaufen alle Stadien von blinder Zerstörungswut, kochendem Zorn, tiefster Enttäuschung bis hin zu stillem Gram, je nach unserem psychischen Zustand. Wie immer auch die unmittelbare Reaktion ausfallen mag, sie gibt einem stets einen Stich ins Herz.

Projektion innerhalb einer therapeutischen Beziehung wird als Übertragung bezeichnet. Norman kommt erst seit einem Monat zu mir, und doch hat er schon seine Vorstellung von Autorität auf mich projiziert bzw. übertragen. Ich bin im Grunde eine Art Ersatzvater geworden. Er verbindet mit mir all die Werte, die man mit einem weisen alten Mann assoziiert.

Mit meiner Persönlichkeit hat das nicht viel zu tun. Es entwickelte sich schon, bevor er überhaupt zu mir kam. Zu einem Teil liegt es wohl an den kulturell bedingten Erwartungen an die sogenannten Heilberufe. Und zu einem anderen Teil liegt es in Normans Psychologie und in seinem Verlangen begründet, seinem Leben einen Sinn zu geben. Ich stelle eine Möglichkeit dar, diesen Sinn zu finden. Daß er mich mit seinem eigenen inneren Heilungswillen verwechselt – daß er die Kenntnis seiner selbst, die er in sich trägt, auf mich projiziert –, ist nur natürlich. Wenn sie tatsächlich einmal an die Oberfläche kommen sollte, wird er mich mehr so sehen, wie ich bin, statt so, wie er sich mich vorstellt.

Ich weiß das, weil ich drei Analytiker hatte, die alle für mich jeweils eine Zeitlang Götter waren – und eine Göttin war auch dabei. Ebenso wie die Projektion kann auch die Übertragung spannend und belebend wirken, obwohl sie wenig mit dem anderen Menschen zu tun hat.

Und wie steht's mit meinen Gefühlen für Norman, mit der Gegenübertragung?

Nun ja . . . sagen wir einfach, ich heize ihm ein.

4
Die Heldenfahrt

Jeder Inhalt des Unbewußten, auf den man nicht klar bezogen ist, neigt dazu, einen zu besetzen, denn er packt uns von hinten. Wenn man hingegen zu ihm spricht, nimmt man eine Beziehung zu ihm auf. Man kann von einem Inhalt, der im Unbewußten konstelliert ist, entweder besessen sein oder man kann eine Beziehung zu ihm haben. Je mehr man ihn unterdrückt, um so mehr wird man von ihm befallen.

Marie-Louise von Franz: *Erlösungsmotive im Märchen* (Kösel, S. 121 f.)

Ich gebe es zu . . . daß es in mir Möglichkeiten gibt, nahe Möglichkeiten, die ich noch nicht kenne; aber nur den Weg zu ihnen finden und, wenn ich ihn gefunden habe, wagen!

Franz Kafka: *Tagebücher 1910–1923* (S. Fischer, S. 359)

Norman war verstimmt. Er hatte eine Auseinandersetzung mit seiner Frau gehabt.

Endlich, dachte ich.

«Zweierlei. Nancy hat mich gefragt, wo ich war, als ich vor kurzem eine Nacht von daheim fortgeblieben bin. Ich ging einfach an die Decke. Ich habe ihr gesagt, das gehe sie überhaupt nichts an. Ich mußte staunen über mich selbst! Ich bin eigentlich nicht die Art von Typ. Und ich glaube, ich habe noch nie so mit Nancy geredet. Ich meine, wir streiten uns nie. Wie es so geht, war ich mit einer alten Freundin zusammen, aber es würde Nancy verletzen, wenn sie es wüßte.»

Er schnitt eine Grimasse. «Scheiße, ich hab' sowieso keinen hochgekriegt.

Dann, gestern abend, hat mir Nancy gesagt, sie ginge aus. ‹Wohin?› habe ich gefragt. ‹Ins Kino›, hat sie gesagt. ‹Mit wem gehst du hin?› ‹Mit einem Freund.› ‹Was für einem Freund?› ‹Ach, du mit deinem Argwohn!› hat sie da gesagt und ist abgerauscht.

Ich habe die Kinder ins Bett gebracht und eine halbe Flasche Scotch getrunken. Danach habe ich noch ein paar Joints geraucht. Mir war hundeelend zumute. Sie war gutgelaunt, als sie nach Hause kam. Ich habe mich bei ihr entschuldigt, weil ich so giftig zu ihr war. Wir gingen zu Bett, und ich habe mich an ihrer Schulter ausgeweint.»

Norman schüttelte den Kopf. «Mein Gott», sagte er, «ich hatte Lust, sie zu verprügeln, und sage statt dessen, es täte mir leid! Ich weiß, daß sie mit ihm zusammen war, ich weiß es einfach!»

Er beruhigte sich wieder. «Immerhin war sie glücklich. Das darf ich ihr doch nicht mißgönnen, oder?»

Ich fragte Norman, ob er irgendwelche Träume gehabt hätte.

Er blätterte in seinem Notizbuch. «Ja, habe ich. Vergangene Nacht. Da war ein Pferd, und dieser unbeholfene Typ versuchte es zu bändigen. Das Pferd ist die Frau des Mannes.» Er sah auf. «So habe ich's aufgeschrieben.» Er las weiter. «Es galoppiert durch Vorstadtstraßen, total wild, läßt sich nicht zügeln. Er sagt zu ihm: ‹Na hör mal, Schatz, was ist denn in dich gefahren?›

Während ich zusah, kam ein Mann herüber, ich glaube, es war Martin, und er bot mir seine alte lederne Motorradjacke und ein Paar Stiefel an.»

Norman kratzte sich am Kopf. «Was soll man dazu sagen?»

«Ich weiß es nicht.» Das sage ich ziemlich oft, denn es stimmt. «Was assoziieren Sie mit Pferden?»

Norman lächelte. «Ich bin früher geritten, als ich klein war, ich muß acht oder neun Jahre alt gewesen sein. Fand ich toll. Die Pferde waren so frei, und ich ebenfalls. Ich hatte eine glückliche Kindheit.»

Ich fragte Norman, wie es ihm in seinem städtischen Wohnviertel gefiele. «Großartig!» sagte er. «Sauber und wirklich bequem. Die Schule ist in der Nähe, ein Spielplatz auf der anderen Straßenseite, ein Supermarkt gleich um die Ecke. Wir haben sehr nette Nachbarn ...»

Er hielt inne und schürzte die Lippen. «Na ja, um die Wahrheit zu sagen: Ich finde die Gegend gar nicht toll, aber wir können es uns wenigstens leisten. Wenn ich die Wahl hätte, wäre ich nicht dort. Wissen Sie, es gibt nicht einmal Bäume da! Alles Beton.»

Ich sinnierte laut über Martin nach, den Mann im Traum, der ihm Stiefel und eine Lederjacke angeboten hatte.

«Ha!» lachte Norman auf, «Martin ist ein alter Freund aus Studententagen. Ich mag ihn! Er war Angriffsspieler in einem Football-Team. Ich habe nur Badminton gespielt, ich war nie sehr sportlich.

Martin ist ein starker Typ. Wußte immer, was er wollte. Wir übrigen waren Waisenknaben dagegen. Er ist jetzt ein gewiefter Rechtsanwalt, wir sehen uns von Zeit zu Zeit. Er war ein paarmal verheiratet und läßt sich von Frauen nichts mehr gefallen. Martin ist die Sorte Mensch, der man uneingeschränktes Vertrauen schenken kann, er würde einen nie im Stich lassen.»

Norman wurde sehr nachdenklich. «Im Grunde ist er ein skrupelloser Schweinehund. Er ist eigentlich ziemlich arrogant. Wahrscheinlich würde man ihn als Macho bezeichnen.»

Das war eine interessante Sitzung. Normans Schatten dringt in sein Leben. Er manifestiert sich als Selbstgerechtigkeit. Ich ziehe dies dem Selbstmitleid vor. Ich kann stundenlang dasitzen und Leuten zuhören, die sich selbst bemitleiden, aber genug ist genug; nach einiger Zeit will man Taten sehen.

Norman hat noch keinen Blick für die moralische Kluft zwischen dem, was er tut, und dem, was er von seiner Frau erwartet, aber sein Körper offensichtlich doch. Selbst wenn er nicht nein sagen kann oder will, sein Penis will und kann es verdammt gut.

Norman hält sich für einen kultivierten Menschen. In seinem Kopf räumt er seiner Frau die Freiheit ein, zu tun und zu lassen, was sie will – was immer sie zu ihrem Glück braucht –, aber sein Schatten, der in gewisser Weise primitiver ist als Norman, toleriert keine Untreue. Ich bin froh darüber, denn daraus entsteht sicher ein gesunder Konflikt.

Sein Traum ist sehr aufschlußreich. Seine Frau ist außer Kontrolle. Das kann zweierlei heißen. Auf objektiver Ebene weigert sich seine echte Frau Nancy, sich so zu verhalten, wie er es von ihr erwartet; auf subjektiver Ebene schlägt seine innere Weiblichkeit, seine Anima, über die Stränge. Schauplatz der Handlung ist ein Wohnviertel, das nach Normans Dafürhalten weder seinem Lebensgefühl entspricht noch, wie ich zu behaupten wage, dem seiner Frau.

Und warum ist seine Frau im Traum ein Pferd?

Pferd und Reiter stellen zusammen den harmonischen Energiefluß dar. Der Reiter ist das Ich, während das Pferd ein Sinnbild der animalischen Triebe ist. In Normans Traum sind die beiden uneins. Freud hat in seinen Schriften die Angst-Bedeutung von Pferden einerseits und die sexuelle Bedeutung von Rittphantasien andererseits dargelegt. (Vielleicht kennen Sie *Die Frau, die davonritt* von D. H. Lawrence?) Außerdem wird das Pferd in der Mythologie häufig mit Muttergottheiten assoziiert, was in diesem Zusammenhang ebenso relevant ist.[47] Dieser Teil des Traums ist eine Bestätigung dessen, was ich bereits weiß, daß nämlich Normans Triebleben von einem Mutterkomplex bestimmt wird.

Der Schlüssel zu dem Traum – wohin Normans Energie drängt – ist Martins Angebot, ihm seine Lederjacke und ein Paar Stiefel zu geben. Eine Jacke, also etwas, das man anzieht, eine äußere Hülle, steht für die Persona. Die Stiefel deuten auf einen persönlichen Standpunkt hin. Wenn der Zweck eines Traums der ist, eine bewußte Einstellung zu kompensieren, dann ist dieser ein gutes Beispiel dafür.

Als gegenwärtige Schattenfigur in Norman paßt Martin genau ins Konzept. Norman würde, wenn er könnte, um des lieben Friedens willen seine Gefühle verleugnen, damit er keinen Schiffbruch erleidet. Martin ist nach Normans Assoziationen völlig anders geartet. Er ist ein Macho, er würde nie den Kopf in den Schoß seiner Frau legen oder sich an ihrer Schulter ausweinen. Norman braucht Martins Motorradjacke, eine festere Persona, und die Stiefel, einen neuen Standpunkt – besonders im Umgang mit Frauen. Zumindest könnte er dann nein sagen.

Andererseits hat Martin eindeutig Beziehungsprobleme, ist also nicht das A und O der Männlichkeit.

Martins Charakterzüge sind in Norman angelegt. Sie schlummern noch, aber wenn sie nicht da wären, würde er nicht so träumen. Bis zu welchem Grad sie bei Norman aktiv werden, hängt von vielen Faktoren ab, nicht zuletzt von Normans bewußter Einschätzung dessen, womit er leben kann. Der Traum hat nicht den Zweck, Norman in Martin zu verwandeln, sondern Norman ein so anderes Bild von sich selbst auszumalen, daß er endlich seine bewußten Einstellungen und seinen Standpunkt ernstlich überdenkt.

Ohne die Integration seines Schattens ist Norman am Ende, ob er nun mit seiner Frau zusammenbleibt oder nicht. Und für den Augenblick hat sein Schatten große Ähnlichkeit mit Martin, weil er emotional noch zu anfällig für etwas anderes ist.

Als ich mit der Psychoanalyse anfing, war Schatten nur ein Wort für mich – ein interessantes Konzept. Sicher, es erklärte vieles von

---

47 Siehe C. G. Jung: «Der Kampf um die Befreiung von der Mutter», *Symbole der Wandlung,* 2. Teil, GW 5, Par. 421 Anm.

der menschlichen Natur, was sonst ziemlich rätselhaft bliebe. Ich hatte *Dr. Jekyll und Mr. Hyde* gelesen. Ich hatte *The Secret Life of Walter Mitty* gesehen. Ich kannte den Schatten in meinem Kopf. Aber ich wußte nicht genau, was eigentlich damit gemeint war, bis ich die Erfahrung machte.

Ich erinnere mich noch, wie ich eines Abends zur Party eines Freundes ging; Anlaß war die Eröffnung seiner Ausstellung in einer renommierten Galerie. Eine piekfeine Sache. Etwa zwei Dutzend Freunde des Künstlers, darunter ich, setzten sich zu einem Festessen an eine lange Tafel. Es gab sechs Gänge und dazu jeweils einen passenden Spitzenwein. Ich saß einer Frau mittleren Alters gegenüber, die bei der Suppe fortwährend auf mich einredete. Sie hatte zu allem und jedem eine Ansicht, die sie mit durchdringender Kreischstimme kundtat.

Mitten im Salat stand ich jäh auf und stülpte ihr meine Schale über den Kopf. Salat, Tomaten, Schnittlauch, Gurkenscheiben und eine ausgezeichnete Vinaigrette liefen an ihrem Haar herunter und tropften auf ihren Schoß.

Sie war schockiert, aber ich mindestens ebenso. Guter Gott! – Ich war am Boden zerstört. Es war eine höchst peinliche Situation. Glücklicherweise hatte ihr Ehemann den Sinn für Humor, der ihr gänzlich abging.

Am vorangegangenen Nachmittag hatte ich mit meinem Analytiker über Jungs Begriff des Schattens gesprochen, insbesondere darüber, daß ein wohlerzogener Mensch eigentlich auf einer Menge unterdrückter Aggressionen festsitzen muß.

«Ich habe keine Aggressionen», behauptete ich. «Ich rege mich nie auf.» Das stimmte. Ich war der perfekte Gentleman, immer höflich und zuvorkommend. Ich konnte mich nicht erinnern, je wütend auf jemanden geworden zu sein. Natürlich war ich manchmal ein wenig gereizt, aber das hatte ich gut unter Kontrolle. Ich äußerte meinem Analytiker gegenüber, ich hätte meinen Schatten wohl mit den Jahren gut integriert. Er lächelte nur.

Bei unserer nächsten Sitzung war ich etwas kleinlaut. «Ich weiß nicht, was in mich gefahren ist», sagte ich mit hilflosem Achselzukken.

Mein Analytiker kicherte. «Ganz einfach. Ihr Schatten hatte genug von den Ansichten dieser Frau – von deren Animus.»

Alles von einem selbst, dessen man sich nicht bewußt ist, ist Schatten. Ehe unbewußte Inhalte nicht unterschieden werden – das heißt, als der eine oder andere Komplex erkannt werden –, ist der Schatten im Grunde die Gesamtheit des Unbewußten.

Der Schatten ist eine unmittelbare Folge des Lichts. Was beleuchtet ist, wirft einen Schatten. Je höher die Sonne am Himmel steht, um so kürzer wird der Schatten – aber er ist dann schärfer. Licht und Sonne sind Metaphern für das Bewußtsein.

Psychologisch ist der Schatten der bewußten Persönlichkeit entgegengesetzt und kompensiert sie. Sich bewußt zu sein, wie und wann er in unser Leben eintritt, ist eine der Voraussetzungen für Selbsterkenntnis. Je mehr uns der Schatten bewußt wird, um so substantieller wird er – und um so weniger bedrohlich.

Nach Jungs Auffassung setzt sich der Schatten – oder zumindest seine dunkle Seite – aus moralisch minderwertigen Wünschen und Motiven, kindlichen Phantasien, Verstimmungen usw. zusammen, aus all den Dingen unserer selbst, auf die wir nicht stolz sind und die wir in der Regel vor anderen zu verbergen suchen. In zivilisierten Gesellschaften ist die Aggression ein gewichtiger Aspekt des Schattens, einfach aus dem Grund, weil sie gesellschaftlich nicht akzeptabel ist. Sie wird in der Kindheit im Keim erstickt und im Erwachsenenleben bei der leisesten Regung mit schweren Strafen belegt.

Im großen und ganzen ist der Schatten ein Mischmasch aus unterdrückten Wünschen und unzivilisierten Impulsen. Es ist durchaus möglich, sich diese bewußt zu machen, aber bis dahin werden sie auf andere projiziert. Ebenso wie ein Mann eine reale Frau mit der Seelengefährtin verwechseln mag, nach der er sich sehnt, so wird er unter Umständen seine Teufel, seinen Schatten, bei anderen Männern sehen. Das ist für manches Bittere in den zwischenmenschlichen Beziehungen verantwortlich. Auf kollektiver Ebene entstehen dadurch politische Parteien, Kriege und die Suche nach dem Sündenbock.

Natürlich wird die Bewußtwerdung des Schattens durch die Persona gehemmt, das Idealbild, das wir von uns selbst haben. Letzteres wird ungemein stark zum einen davon beeinflußt, was für andere annehmbar ist, und zum anderen infolge einer Kultur, die sich vorwiegend auf christliche Werte beruft, von den Zehn Geboten. Von dem Maß, in dem wir uns mit der hellen Persona identifizieren, hängt die Schwärze des Schattens ab. Die Persona zielt auf Vollkommenheit ab. Der Schatten reduziert uns auf das bloß Menschliche.

Wir tun vieles unter dem Einfluß eines Schattens, der von der Persona genug hat. Wir fälschen Spesenabrechnungen, stehlen, morden und schlafen mit der Frau unseres Nachbarn. Und dann wundern wir uns, was bloß über uns gekommen ist.

Ich selbst habe im Alter von vier Jahren zum ersten Mal etwas gestohlen, aus der Geldbörse meiner Mutter. «Du kannst ein paar Pfennige haben», sagte sie. Ich nahm mir ein paar Groschen. «Das sind keine Pfennige», sagte meine Mutter leicht erbost. Ich tat so, als wüßte ich den Unterschied nicht. Beim nächsten Mal war ich in der zweiten Klasse und klaute zwei Bonbons vom Lehrerpult. Es kam heraus, und ich wurde vor der ganzen Klasse streng getadelt. Ich glaube, es gibt nichts Demütigenderes, als vor allen Freunden aus der zweiten Klasse eine Standpauke zu bekommen – und das noch unter den Augen der Mutter.

Ich war jedoch unverbesserlich. Als vertrauenswürdiger jugendlicher Angestellter in einem örtlichen Drugstore füllte ich mir regelmäßig heimlich die Taschen mit Schokoladenriegeln. Ich wußte, daß es unrecht war, aber ich konnte nicht dagegen an. Ich redete mir ein, ich täte es, weil ich unterbezahlt wäre – da sprach mein Schatten aus mir. Mit zunehmendem Alter verlor mein Schatten seine Naschhaftigkeit und ging zu nützlicheren Dingen über: Er stahl nur noch Schreibmaschinen-Farbbänder.

In Zürich gewöhnte ich mir an, in Getränkeläden die Preisschildchen von billigen Flaschen abzulösen und auf teuren Wein zu kleben. «Sie spielen ein gefährliches Spiel», warnte mich mein Analytiker. «Die Schweizer Polizei hat Leute schon für viel geringfügigere Delikte innerhalb von 24 Stunden des Landes verwiesen.»

«Mein Schatten war's», lachte ich. Aber ich hörte damit auf, wußte ich doch, daß das vor Gericht keine Rechtfertigung war.

Die Verantwortung für das, was der Schatten tut, lastet einzig und allein auf dem Ich. Darum wird die Existenz des Schattens, einmal erkannt, zum moralischen Problem. Es ist eine Sache, sich bewußt zu werden, wie der Schatten aussieht – wessen man fähig ist. Aber es ist eine ungleich andere Sache festzulegen, was man ausleben oder womit man leben kann. In der Praxis stellt sich das durch Versuch und Irrtum heraus.

Während ich dies schreibe, ist gerade ein hoher kanadischer Beamter gefeuert worden, weil er in seinem Bewerbungsschreiben vor fünf Jahren falsche Angaben über seinen akademischen Werdegang gemacht hat. Er hatte behauptet, einen akademischen Grad von einer angesehenen Universität zu besitzen. Eine Lokalzeitung entdeckte bei einer Routine-Recherche für eine Story über ihn, daß dies nicht der Wahrheit entsprach; er war in Wirklichkeit zweimal durch das Abschlußexamen gefallen. Der betreffende Mann, er wurde bisher von seinen Kollegen geschätzt und wollte angeblich in die Politik, ist jetzt unter seinem Schatten begraben.

So etwas geschieht dauernd und überall. In den Hütten, Dörfern und Städten rund um die Welt hat der uneingestandene Schatten das Sagen und zerstört das Leben. Oft im wortwörtlichen Sinne.

Der Konflikt zwischen Schatten und Persona ist auch aus einer Midlife-crisis nicht wegzudenken. Wer noch in keinem solchen Konflikt befangen ist, wenn er sich in die Psychoanalyse begibt, entwickelt auf jeden Fall bald einen. Manche scheinen tatsächlich bloß darauf gewartet zu haben, einen vertrauenswürdigen Menschen zu finden, um endlich gefahrlos zusammenbrechen zu können. Die zeitlich im allgemeinen damit zusammenfallende typische Depression ist ein Anzeichen für die bestehende Notwendigkeit, sich klarzumachen, daß man nicht all das ist, was man zu sein vorgibt oder wünscht.

Norman steckt in seinem Schatten, wann immer er mit einer anderen Frau statt mit seiner eigenen ins Bett geht. Er gerät nicht mit sich in Konflikt wegen dieser Affären, weil er deren Unvereinbarkeit mit seiner Persona des ergebenen Ehemanns und Familienvaters einfach unterdrückt.

Es entbehrt nicht einer gewissen Komik, daß der Mann, mit dem Normans Frau eine Affäre hat, im Grunde nichts anderes ist als Normans Schatten. Er ist alles, was Norman auf der bewußten Ebene nicht ist. Er ist Künstler, ein intuitiver Gefühlsmensch. Norman ist Geschäftsmann; seine Begabungen liegen im Bereich des logischen Denkens und der klaren Gefühle. Der andere Mann lebt seiner Triebnatur entsprechender und schert sich nicht sonderlich um gesellschaftliche Anstandsregeln. Norman ist kopflastig, er ist in einer Welt äußerer Erscheinungsformen gefangen.

Allmählich sehe ich klarer, warum Norman solche Seelenqualen leidet: Bei ihm besteht eine Spaltung zwischen Ich und Schatten. Man könnte es ebensogut als Spaltung zwischen Persona und Schatten bezeichnen, da sich Normans Ich nicht grundlegend von seiner Persona unterscheidet. Seine Frau spielt indessen mit seinem Schatten herum – von dessen bloßer Existenz in seinem Innern Norman gar nichts weiß.

Für die Assimilation des Schattens gibt es keine allgemeingültige Methode. Sie hat etwas mit der Kunst der Diplomatie oder Staatsführung zu tun, aber sie ist stets eine ganz persönliche Angelegenheit. Schatten und Ich sind wie zwei politische Parteien, die um die Macht ringen. Wenn überhaupt von einer Methode die Rede sein kann, dann höchstens in Form einer bestimmten Einstellung. Zuerst muß man die Existenz des Schattens akzeptieren und ernst nehmen. Zum zweiten muß man sich dessen Eigenschaften und Absichten bewußt machen. Das geschieht durch gewissenhafte Beobachtung von Stimmungen, Phantasien und Impulsen. Als drittes schließt sich daran unweigerlich eine langfristige Auseinandersetzung an.

Doch der Schatten ist nicht nur die dunkle Unterseite der bewußten Persönlichkeit. Auch ein geschwärzter Kessel eignet sich zur Teebereitung. Und so hat der Schatten ebenfalls seine guten Seiten. Er besteht aus jenen Aspekten von einem selbst, die ungelebtes Leben genannt werden könnten – Talente, Fähigkeiten und positive sittliche Werte, die lange vergraben lagen oder nie bewußt waren. Sie sind als Möglichkeit in der Persönlichkeit angelegt, und ihre Bewußtwerdung setzt oft ein erstaunliches Maß an Energie frei.

Deshalb wird einem Menschen in einer Depression geraten, sich lieber noch hineinzuknien, statt davor zu fliehen. Vergrabene Schätze findet nur, wer den Spaten ansetzt.

Eine Krise in der Lebensmitte vereint beide Seiten des Schattens in sich: sowohl die Eigenschaften und Aktivitäten, auf die wir nicht stolz sind, als auch neue Möglichkeiten, von denen wir bis dato gar nichts wußten. Mit den ersteren ist ein Gefühl der Scham und moralischen Entrüstung verbunden. Die letzteren mögen zwar moralisch neutral wirken, sind jedoch häufig viel angsterregender, da wir in diesem Fall uns unbekannte Möglichkeiten wahrnehmen und kein Mensch sagen kann, welche Auswirkungen das hat.

«Hören Sie», sagte ich einmal zu meinem Psychoanalytiker, als ich mich in ebendiesem Dilemma befand, «ich habe Angst. Wenn ich diesen Job annehme, falle ich vielleicht auf die Schnauze.»

Er lächelte freundlich. «Das Gute», zitierte er Jung, «ist der Feind des Besseren.»

«Fühlt sich an wie ein Sprung ins kalte Wasser», sagte ich und erwiderte sein Lächeln.

«Betrachten Sie es einmal auf diese Weise», sagte er mit größerem Ernst. «Es ist ja durchaus möglich, mit einigen Unsicherheiten zu leben.»

Ich sagte daraufhin bei einer unserer Sitzungen etwas Ähnliches zu Norman. Er verzog keine Miene. «Was meinen Sie damit?»

«Der positive Mutterkomplex», erklärte ich, «bindet den Mann unter anderem an das Bekannte und Vertraute, mit anderen Worten an das, bei dem er sich immer sicher gefühlt hat. Zum Beispiel wird er mit einem bestimmten Lebensstil auch dann noch fortfahren, wenn er ihm längst nichts mehr abgewinnen kann, nur weil er das fürchtet, was andernfalls vielleicht passiert, obwohl es womöglich genau das ist, was er braucht, um seine Möglichkeiten zu verwirklichen.»

Das war mehr, als ich normalerweise zu sagen pflege. Ich hasse es, mich in etwas einzumischen, was ich für einen natürlichen Vorgang halte. Andererseits tut ein kräftiger Schlag auf den Hinterkopf manchmal ganz gut.

«Und was sollte ich demnach tun?» fragte Norman. Ich schwöre, es war bestimmt das zehnte Mal.

«Ich habe keinen blassen Schimmer», sagte ich und trat schleunigst den Rückzug an. «Fragen Sie den, der einen hat», schlug ich vor und deutete mit dem Finger auf ihn selbst.

Ich dachte dabei an die kreative Seite von Normans Schatten, an seine unausgeschöpften Möglichkeiten. Der uneingestandene Schatten kann einem großen Kummer bereiten. Er kann einem im Nu das ganze Leben ruinieren. Bei einiger Beachtung kann er durchaus umgekehrt wirken: die Befreiung aus Situationen erleichtern, die ein Fluch sind, und einem die Augen für neue Möglichkeiten öffnen.

Normans Ausgangssituation, das hintergründige Problem, das ihn zur Analyse getrieben hatte, kann auch im Rahmen einer Puer-Psychologie gesehen werden.

Der Ausdruck *Puer aeternus* bedeutet in der wörtlichen Übersetzung «das ewige Kind». In der griechischen Mythologie ist damit der Kind-Gott gemeint, der ewig jung bleibt wie beispielsweise Iacchos, Dionysos oder Eros. Die modernen Klassiker *Peter Pan* und *Das Bildnis des Dorian Gray* haben diesem Thema Unsterblichkeit verliehen.

In der Psychologie der Neurose wird mit dem Begriff *Puer* ein älterer Mann beschrieben, dessen Gefühlsleben auf der Stufe des Heranwachsenden stehengeblieben ist, was meistens mit einer zu großen Abhängigkeit von der Mutter einhergeht. (Bei Frauen heißt es in diesem Fall *Puella,* aber man spricht auch von einer Frau mit einem Puer-Animus.) Viele Krisen in der Lebensmitte entstehen durch das innere Bedürfnis, aus diesem Entwicklungsstadium herauszuwachsen.[48]

Dem typischen Puer sieht man sein Alter nicht an. Darauf ist er im allgemeinen stolz, wie Norman. Wer wäre es nicht in einer Kultur, die die Jugend höher bewertet als das Alter? Norman wäre entsetzt, wenn er hörte, daß seine jugendliche Erscheinung auf emotionale Unreife zurückzuführen ist. Ich könnte ihm das klarmachen, aber warum? Ich gebe ihm lieber Zeit, selbst darauf zu kommen, und wenn sich nichts tut, um so besser.

Der Puer ist nicht für sein Handeln verantwortlich. Was er tut, entzieht sich seiner bewußten Kontrolle; er ist auf Gnade und Ungnade seinem Unbewußten ausgeliefert.

Besonders anfällig ist er für seine triebhaften Regungen. Er neigt dazu, das zu tun, was seinem Gefühl nach «richtig» ist. Allerdings ist er seinem wahren Gefühl so entfremdet, daß er das, was er noch eben als richtig empfunden hat, im nächsten Augenblick schon gefühlsmäßig verwirft. Daher verstrickt er sich leicht in Liebesaffären, die ihm am nächsten Tag schwer zu schaffen machen – oder noch in derselben Nacht, im Traum.

Der Puer im Individuationsprozeß – der beschließt, seine Einstellungen und Verhaltensmuster in den Griff zu bekommen – kann sein Handeln nicht so einfach durch das «richtige» Gefühl rechtfertigen. Er weiß, daß undifferenzierte Gefühle höchst verdächtig sind, besonders, wenn sie in Zusammenhang mit dem Genuß von Alkohol oder anderen Drogen aufkommen. Statt sich mit seinen Gefühlen zu identifizieren, versucht er, ein wenig Abstand von ihnen zu gewinnen, seine Erfahrung also objektiver zu bewerten. Er fragt sich: Empfinde ich das wirklich so? Will ich das? Komme ich mit mir zurecht? Welche Wirkung hat das, was ich tue, auf andere?

Dem Puer fällt es schwer, sich verbindlich festzulegen. Er hält sich lieber mehrere Türen offen und kann es nicht ertragen, festge-

---

[48] Jung erwähnt das Puer-Syndrom einige Male, aber das Grundlagenwerk zu diesem Thema ist das Buch von Marie-Louise von Franz: *Der ewige Jüngling. Der Puer Aeternus und der kreative Genius im Erwachsenen,* erschienen zuletzt 1987 bei Kösel, München, eine Interpretation von Saint-Exupérys *Der kleine Prinz.*

nagelt zu werden. Das gilt trotz seiner starken Bindung an den häuslichen Herd auch für Norman. Vielleicht gerade deswegen. Während er unverbrüchlich zu seiner Familie steht, läuft ihm sein Schatten, so schnell er kann, in die andere Richtung davon.

Der typische Puer handelt spontan, häufig zu seinem eigenen oder auch dem Nachteil anderer oder gar beider. Der Puer in der Individuation muß diesen eigentlich netten Zug unter Umständen fahrenlassen – aber das von ihm geopferte gewohnte Verhalten wird dann Teil seines Schattens. Um kein vollkommen von Gewohnheit und Routine beherrschter Automat zu werden, muß er seine früheren Puer-Eigenschaften wieder integrieren – diesmal jedoch bewußt.

Der Puer führt in vieler Hinsicht ein provisorisches Leben. Stets verfolgt ihn die Angst, in eine Lage zu geraten, aus der es kein Entkommen mehr gibt. Seine Lebensumstände entsprechen selten seinen Wünschen, er ist dauernd «im Begriff», etwas daran zu ändern, seinen Lebensstil abzuwandeln; eines Tages wird er das Nötige tun – aber nicht jetzt sofort. Zukunftspläne fallen in sich zusammen, das Leben zerrinnt mit Phantasien von dem, was werden oder sein könnte, und doch kommt er zu keiner entschlossenen Tat, die das Hier und Jetzt verändern würde.

Ich hatte eine Tante, die so war. «Eines Tages wird mein Schiff einlaufen», pflegte sie zu sagen, wenn wir zum Bingo-Spielen in den Gemeindesaal gingen, und tätschelte dabei meinen Kopf. Es kam nie an, vielleicht weil sie im Inland wohnte, 1000 Meilen vom nächsten Hafen entfernt.

Das provisorische Leben ist eine Art Gefängnis – der Todestrakt der Seele. Die Gitterstangen sind die Elternkomplexe, unbewußte Fesseln an die Kindheit, die grenzenlose Verantwortungslosigkeit des Kindes. Die Träume des Puer sind voller Gefängnisbilder: Ketten, Gitter, Käfige, Fallen, Kerkerdienste. Das Leben selbst, die existentielle Wirklichkeit, wird als Gefangenschaft erfahren. Er lechzt nach Unabhängigkeit, er sehnt sich nach Freiheit, ist jedoch nicht in der Lage, sie sich zu verschaffen.

Der Dichter Franz Kafka war solch ein Puer. Er erforschte die Symbolik des Gefängnisses und dessen Bedeutung für ihn selbst eingehender als jeder andere Künstler. In einem seiner rätselhaften Aphorismen beschreibt er, welch ein Gefühl es ist, in der Falle zu sitzen, in die eigene Psyche eingeschlossen zu sein, bewacht nur von sich selbst. Es ist das Bild eines Mannes, der eigentlich frei ist, zu kommen und zu gehen, wie es ihm gefällt, der aber unfähig ist, einen Schritt zu tun:

> Mit einem Gefängnis hätte er sich abgefunden. Als Gefangener enden – das wäre eines Lebens Ziel. Aber es war ein Gitterkäfig. Gleichgültig, herrisch, wie bei sich zu Hause strömte durch das Gitter aus und ein der Lärm der Welt, der Gefangene war eigentlich frei, er konnte an allem teilnehmen, nichts entging ihm draußen, selbst verlassen hätte er den Käfig können, die Gitterstangen standen ja meterweit auseinander, nicht einmal gefangen war er.[49]

Das Gefängnis ist ein Symbol, das dem Analytiker als Ablehnung des Individuationsprozesses vertraut ist. Es ist symptomatisch für die Psychologie des Puer, der an Grenzen und Schranken Anstoß nimmt und jede Einschränkung als unerträglich ansieht. Psychologisch sind manche Einschränkungen jedoch unerläßlich für das Wachstum. Im *I Ging,* dem chinesischen Buch der Wandlungen, heißt es dazu:

> Unbeschränkte Möglichkeiten sind nichts, was für den Menschen geeignet ist. Dadurch würde sein Leben nur zerfließen im Grenzenlosen. Um stark zu werden, bedarf es der freien Schrankensetzung der Pflicht. Nur indem der einzelne sich mit diesen Schranken umgibt und frei für sich das Gebot der Pflicht festsetzt, gewinnt er die Bedeutung als freier Gast.[50]

Marie-Louise von Franz beschreibt die Gefängnis-Phobie eines muttergebundenen Mannes und interpretiert sie wie folgt:

> Das Gefängnis symbolisiert also die negative Seite des Mutterkomplexes ..., aber prospektiv gesehen wäre es gerade das, was er braucht, denn es ist nötig, daß er ins Gefängnis gesteckt wird – ins Gefängnis der Realität. Aber wohin er sich auch wendet, überall lauert das Gefängnis, und er ist ständig auf der Flucht. Im Grunde hat er nur die Wahl zwischen zwei Gefängnissen: zwischen dem sei-

---

[49] Franz Kafka: *Er,* Suhrkamp, Frankfurt 1963, S. 210. Mit der Gefängnis-Symbolik in der Puer-Psychologie, besonders bei Kafka, befasse ich mich eingehender in meinem Buch *The Secret Raven: Conflict and Transformation,* Inner City Books, Toronto 1980, S. 68 ff.

[50] *I Ging,* Hexagramm 60, «Dsie / Die Beschränkung», dt. von Richard Wilhelm, Diederichs, Köln 1970.

> ner Neurose und dem der Realität. Er ist also gefangen zwischen dem Teufel und dem tiefen Meer. Das ist sein Schicksal, und es ist das Schicksal des *puer aeternus* überhaupt. An ihm liegt es, was er lieber will: das Gefängnis seines Mutterkomplexes und seiner Neurose oder das Gefangensein in der einfachen Geschichte seiner irdischen Realität.[51]

Ein glücklicher Puer – wie Norman –, dessen Unbewußtes endlich rebelliert und seine Unzufriedenheit durch eine Midlife-crisis zum Ausdruck bringt! Andernfalls bleibt alles, wie es ist.

Der Schatten des Puer ist der *Senex* (lat. der Greis) – diszipliniert, selbstbeherrscht, gewissenhaft, geordnet. Der Schatten des Senex hinwiederum ist der Puer – grenzenlos triebhaft, ungeordnet, sich berauschend, launenhaft. Der Puer hat vieles mit dem griechischen Gott Dionysos gemeinsam, dessen verzückte Anhängerinnen Männer in Stücke zerrissen. Die Senex-Psychologie ist mehr durch Saturn und den Gott Apollo gekennzeichnet – gesetzt, rational, verantwortungsbewußt. Sowohl Puer als auch Senex, Dionysos und Apollo, haben ihre Berechtigung. Aber wer den einen auf Kosten des anderen auslebt, riskiert die Überhandnahme des Gegenparts. Eine gesunde, wohlausgewogene Persönlichkeit ist in der Lage, sich dionysisch oder apollinisch zu verhalten, je nach Erfordernis. Das ist das Ideal, das ohne ein Gutteil an bewußten Anstrengungen kaum erreicht wird. Deshalb muß ein sehr beherrschter Mensch, der in einer Midlife-crisis steckt, ebenso spontaner und triebhafter werden, wie der Puer erwachsen werden muß.

Wie paßt Norman in all dies hinein? Nun, er steht zumindest mit einem Fuß im Puer-Lager. Sein anderer Fuß ist irgendwo anders, auf der Suche nach einem passenden Schuh, einem Standpunkt.

Ich selbst bin ein geheilter Puer. Wie ein ehemaliger Raucher oder Alkoholiker neige ich zur Unduldsamkeit denen gegenüber, die noch mit diesem Syndrom behaftet sind. Wenn ich allerdings über meinen Widerwillen gegen das, was ich einmal war, hinauskomme, ist es mir doch auch möglich, Mitgefühl für ihre Situation aufzubringen. Norman ist ein gutes Beispiel dafür. Es gibt praktisch nichts, was ich nicht auch wie er gemacht hätte, kein Verhalten, das ich nicht von mir selbst kennen würde. In unbewachten Augenblicken überkommt mich regelrecht Sehnsucht danach.

---

[51] Marie-Louise von Franz: *Der ewige Jüngling. Der Puer Aeternus und der kreative Genius im Erwachsenen,* a.a.O., S. 168 f.

Norman weiß noch nichts davon, aber an dem Tag, an dem er meine Praxis betreten hat, hat er sich auf ein heldenhaftes Abenteuer eingelassen.

Die Aufgabe eines Helden besteht darin, aus dem Gewöhnlichen etwas Ungewöhnliches zu machen. In Normans Fall heißt das, zu begreifen versuchen, warum er so und nicht anders handelt und reagiert. Sein Leben bekommt einen märchenhaften Aspekt. Da sind einmal die böse Hexe (sein Mutterkomplex), die er überwinden oder überlisten muß, und ferner die hilfreichen Tiere (seine Triebe), die sich in der Nacht um ihn kümmern. Außerdem ist er, wie der Däumling im Märchen, ziemlich naiv. Das ist allerdings für ihn von Vorteil: Wie im Märchen kann er die ihm gestellten «Aufgaben» nur erfüllen, wenn er seine rationale Sicht der Dinge überwindet.

Ziel des Helden ist es, den Schatz, die Prinzessin oder das goldene Ei zu finden. Psychologisch mündet das alles in einem zusammen: in ihm selbst – seinen wahren Gefühlen, seinen einzigartigen Möglichkeiten. Entweder gewinnt man die Prinzessin, oder man bleibt im Keller; dazwischen gibt es nichts.

Mythologisch gehört Norman einer altehrwürdigen Tradition an. Unter anderem muß der Held auf seinem Weg eine nächtliche Seefahrt bewältigen, ein Motiv, das als Gefangenschaft oder Kreuzigung, Zerstückelung oder Entführung usw. immer wieder erscheint – eine Erfahrung, die Sonnengötter und Helden seit undenklichen Zeiten machen müssen: Gilgamesch, Osiris, Christus, Dante, Odysseus, Äneas und viele andere mehr (darunter auch Pinocchio). In der Sprache der Mystik ist von der «dunklen Nacht der Seele» die Rede.

Die Fahrt des Helden führt im Kreise; das Muster ist wohlbekannt, wie das nachstehende Diagramm anschaulich macht.[52]
Meist geht der Held aus Sagen und Legenden auf eine Seereise, kämpft mit dem Seeungeheuer, wird verschluckt, wehrt sich dagegen, zu Tode zerkaut oder zermalmt zu werden, und sucht, nachdem er wie Jonas im Bauch des Wals angekommen ist, nach dem zentralen Organ, das er abschneidet, um so seine Befreiung zu erlangen.

[52] Dem Buch *Der Heros in tausend Gestalten* von Joseph Campbell entnommen, Suhrkamp, Frankfurt 1978, S. 237.

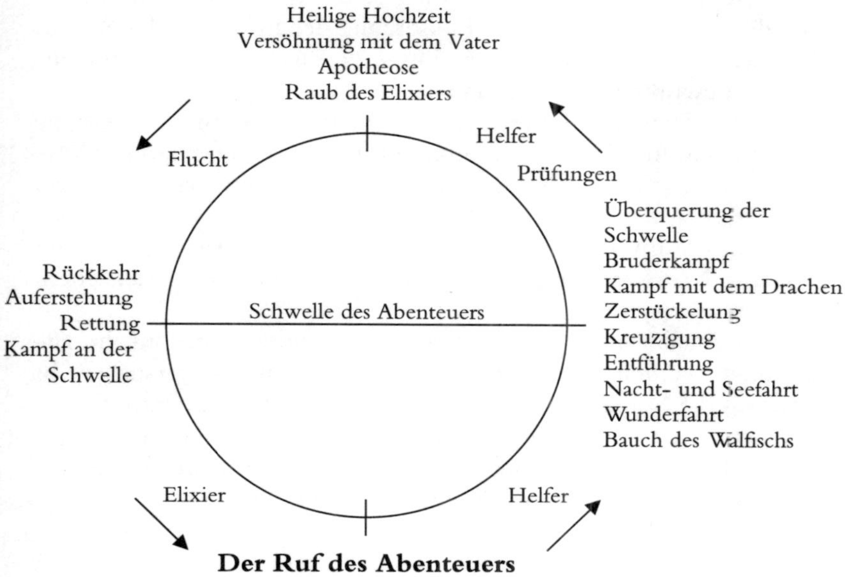

Alle Mythen von Nacht- oder Seefahrten sind durch die Wahrnehmung des Laufs der Sonne entstanden; in Jungs poetischem Bild «schwimmt sie über das Meer als der unsterbliche Gott, der jeden Abend in das mütterliche Meer untertaucht und am Morgen wieder erneut geboren wird».[53] Der Untergang der Sonne, gleichbedeutend mit dem Energieverlust bei einer Depression, ist daher der notwendige Auftakt zur Wiedergeburt. Durch die heilenden Fluten geläutert, lebt das Ich wieder auf. Oder, um ein anderes Bild zu gebrauchen, es steigt aus der Asche wie der Phönix.

Auf die Psychologie übertragen ist der Wal-Drache die Mutter. Die Kämpfe und Leiden im Verlauf der nächtlichen Seefahrt symbolisieren den heroischen Versuch, das Bewußtsein dem tödlichen

[53] «Symbole der Mutter und der Wiedergeburt», *Symbole der Wandlung,* GW 5, Par. 306.

Würgegriff der Mutter zu entwinden, dem Unbewußten. Das zentrale Organ, das abgeschnitten wird, steht für die Nabelschnur. Die mögliche Folge davon ist die Freisetzung der Energie – das Aufgehen der Sonne an einem neuen Tag –, die an den Schatten und andere unbewußte Inhalte gebunden war.

Norman hat sich die Heldenfahrt nicht ausgesucht, sondern sie hat ihn erwählt. Er wäre ihr ausgewichen, wenn er gekonnt hätte. Wer würde schon freiwillig sein behagliches Heim verlassen, um mit Drachen zu kämpfen? Wer würde schon Fernsehen und Popcorn am Kamin für den Bauch eines Walfischs opfern? Doch irgend etwas in Norman drängt ihn zu der Fahrt, und er muß es ausleben, ob er mag oder nicht.

Ich kann ihn nicht vor den Wagnissen schützen, die auf ihn zukommen werden, und würde es auch gar nicht erst versuchen. In das, was die Natur bestimmt, sollte der Mensch nicht eingreifen.

Norman ist von einem inneren Imperativ ergriffen, der seinen Lauf nehmen muß. Ich kann allerhöchstens bei ihm sitzen und ihn vor einigen der Gefahren warnen.

5
Deine und meine Wirklichkeit

Die vier Funktionen sind etwas wie die vier Himmelsrichtungen, ebenso willkürlich und ebenso unerläßlich wie diese. Nichts hindert, die Kardinalpunkte um beliebig viele Grade nach dieser oder jener Seite zu verschieben und ihnen überdies noch andere Namen zu geben . . . Aber eines muß ich bekennen, daß ich diesen Kompaß auf meinen psychologischen Entdeckungsreisen auf keinen Fall mehr missen möchte . . .

C. G. Jung: *Psychologische Typen,* GW 6, S. 586

Norman hatte sich verspätet. Er kam völlig außer Atem herein, siebzehn Minuten nach der vereinbarten Zeit. Ich blickte finster drein, denn ich warte nicht gerne.

«Tut mir leid», sagte er, «aber ich konnte nichts dafür.»

«Sie hätten anrufen können», brummte ich. Ich war wirklich sauer.

«Ich habe in der U-Bahn festgesessen», sagte Norman. «Irgendein Typ hat sich vom Bahnsteig vor den Zug geworfen.» Er zuckte die Achseln. «Was sollte ich machen? Das ganze Netz ist zusammengebrochen.»

Ich entspannte mich. Solche Dinge passieren nun einmal. Ich wünschte allerdings, sie täten es nicht.

Norman nahm seinen Platz ein und rückte mit einer Neuigkeit heraus. «Ich habe Jungs Typologie gelesen», sagte er.

«Gelesen oder darüber gelesen?» fragte ich.

Ich bin konservativ, ja ein Purist, wenn es um Jung geht. Andere mögen ruhig über ihn hinausgehen, unsere gemeinsame Diamantmine ausbeuten und dann mit Edelsteinen hervortreten, die ihnen stärker in die Augen funkeln, aber ich versuche immer noch, ihm wenigstens an die Schuhriemen zu reichen. Arnold, der Freund, mit dem ich in Zürich ein paar Monate zusammengewohnt habe, empfindet ähnlich. Es könnte als unbewältige Übertragung bezeichnet werden. Arnold nennt es die Kraft, den Dingen ihren rechten Platz zu geben.

«Ich habe einen Vertrag mit einer Firma in Syracuse», sagte Norman. «Ich war diese Woche dort und habe mit der Personalchefin gesprochen. Sie hat mir gesagt, ohne typologischen Eignungstest würden sie niemanden einstellen. Ich habe eine Testbroschüre mitgebracht.»

Er wühlte in seiner Aktentasche. «Hier», sagte er und zog die Broschüre heraus. «‹Myers-Briggs' typologischer Eignungstest zur Steigerung von Produktivität und organisatorischer Effektivität›. Er beruht angeblich auf der Typenlehre von C. G. Jung.» Norman sah mich an. «Ich wußte gar nicht, daß Jung in die Geschäftswelt Einlaß gefunden hat.»

Ich verzog das Gesicht. «Seine Typologie ja – er selbst nicht.»

Durch mein Verhältnis zu Jung habe ich immer gemischte Gefühle, was die gängigen typologischen Tests anbelangt. Sie berufen sich zwar auf Jungs Modell, sind jedoch längst nicht so ausgefeilt. Sicher, sie können durchaus nützlich sein, aber sie können auch in die Irre führen. Sie zeichnen vielleicht ein ganz brauchbares Bild davon, wie es zur Zeit des Tests um den Prüfling bestellt ist, doch da sie der Dynamik der Psyche nicht Rechnung tragen, sagen sie weder etwas darüber aus, wer eigentlich getestet wurde – das Ich? die Persona? der Schatten? irgendein anderer Komplex? –, noch ziehen sie die Möglichkeit einer Veränderung in Betracht. Typologische Tests hatte Jung bestimmt nicht im Sinn, als er acht Jahre lang an seinem Werk *Psychologische Typen* arbeitete.

Bei dem Versuch, sich selber verstehen zu lernen, führt kein Weg an anhaltender Selbstbesinnung vorbei.[54]

Norman blätterte den Text durch. «Sieht ganz interessant aus. Was ist so bedeutend daran?»

«Das ist die Frage eines Gefühlsmenschen – was bedeutet er Ihnen? Nun, ich will es Ihnen sagen. Alles Psychische ist relativ. Das ist eine ebenso wichtige Feststellung wie Einsteins Relativitätstheorie in der Physik. Sie sagen, denken und tun nichts, das nicht durch Ihre spezielle Sicht der Dinge gefärbt wäre. Das ist Ihr Typ.

Die Menschen sind verschieden. Das ist eigentlich nicht zu übersehen, wird jedoch leicht vergessen. Jeder hat seine Stärken und Schwächen. Jungs Typenlehre bietet die Möglichkeit, diese Unter-

---

[54] Mit diesem Thema befasse ich mich eingehender in meinem Buch *Personality Types: Jung's Model of Typology,* Inner City Books, Toronto 1987.

schiede in gewisser Weise zu ordnen. Sie ist nützlich, wenn man sich selbst verstehen will, und ein einmaliges Hilfsmittel für die zwischenmenschlichen Beziehungen. Wenn man erkennt, daß das Bewußtsein von jemandem auf eine bestimmte Art funktioniert, kann man Zugeständnisse machen. Man kann die eigene Einstellung kompensieren und die Funktionsweise der anderen willkommen heißen. Vielleicht hat man selber irgend etwas übersehen. Vielleicht wäre in einer bestimmten Situation eine andere Funktionsweise angebrachter.»

Mir ging der Atem aus. Manchmal geht das Schulmeisterliche mit mir durch.

«Ich mag es nicht, wenn Leute etikettiert werden», sagte Norman.

«Ich auch nicht, und Jung ebensowenig. Er hat sogar eigens davor gewarnt. Das wäre ein Mißbrauch des Modells. Es sollte eigentlich ein Mittel zur psychologischen Orientierung sein, wie der Kompaß in der Außenwelt dazu verwandt wird, eine Ortsbestimmung vorzunehmen. Dies hier ist Jungs Grundmodell», sagte ich und zeichnete mit wenigen Strichen ein Diagramm. «Es gibt vier Funktionen – Denken, Fühlen, Intuition und Empfindung. Die beiden ersten und die beiden letzten bilden ein Gegensatzpaar. Dann gibt es noch Introversion und Extraversion – jede der vier Funktionen kann auf introvertierte oder extravertierte Weise auftreten.

Man kann den Kreis beliebig verdrehen. Ich habe völlig willkürlich das Denken an die Spitze gesetzt; aber ebensogut kann jede andere Funktion an dieser Stelle stehen, je nachdem, welche der betreffende Mensch bevorzugt.»

«Bitte nicht so schnell», sagte Norman, der sich Notizen machte.

«Die Empfindungsfunktion befaßt sich mit der greifbaren Wirklichkeit, den physischen Sinnen; sie stellt fest, daß etwas existiert. Das Denken gibt Auskunft darüber, was es ist. Das Fühlen sagt uns, was es uns wert ist, und durch die Intuition – die Jung als Wahrnehmung durch das Unbewußte bezeichnete – bekommen wir ein Gespür dafür, was man damit tun kann.»

«Nicht so schnell», sagte Norman.

«Die Empfindung zeichnet sich durch Genauigkeit aus, sie nimmt Dinge auf wie eine fotografische Platte; nicht so die Intuition – sie ist mehr an den Möglichkeiten interessiert. Die Denkfunktion befaßt sich mit Ideen, und das Fühlen konzentriert sich auf Beziehungen.»

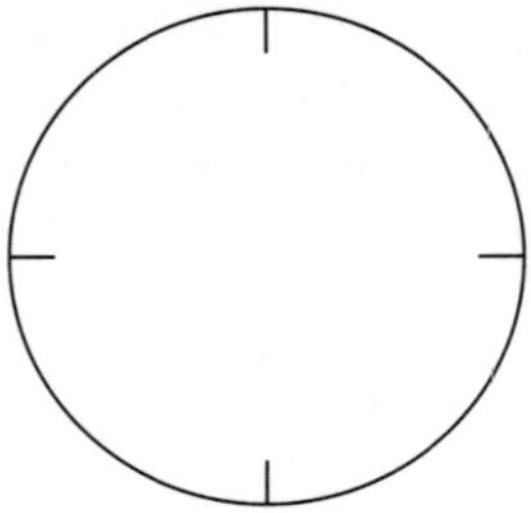

Ich ging zum Bücherregal. «So steht's bei Jung.» Ich schlug die *Psychologischen Typen* auf und las vor:

> Daß aber mit vier (Funktionen) eine gewisse Totalität erreicht ist, kann folgende Überlegung zeigen.
>
> Die Empfindung stellt fest, was tatsächlich vorhanden ist. Das Denken ermöglicht uns zu erkennen, was das Vorhandene bedeutet, das Gefühl, was es wert ist, und die Intuition schließlich weist auf die Möglickeiten des Woher und Wohin, die im gegenwärtig Vorhandenen liegen. Damit dürfte die Orientierung im Gegenwärtigen ebenso vollständig sein, wie die geographische Ortsangabe nach Breite und Länge.[55]

Ich klappte das Buch wieder zu. «Ideal wäre es, jeweils bewußt auf die einer bestimmten Situation angemessene Funktion zurückgreifen zu können.»

«Schön», sagte Norman, «und geht das?»

«Nicht unbedingt. In der Praxis ist eine Funktion meist stärker entwickelt als die anderen. Sie wird die superiore oder Hauptfunktion genannt.»

«Was heißt superior? Heißt das besser?»

«Nein. Keine Funktion ist ‹besser› als die andere; superior heißt nur, daß sie am ehesten benutzt wird.»

---

[55] «Psychologische Typologie», *Psychologische Typen,* GW 6, Par. 1028 f.

«Was ist mit den anderen, denen, die weniger entwickelt sind?»

Ich lächelte. «Die machen eine Menge Ärger. Sie schleichen sich von hinten an. Sie platzen völlig unerwartet herein. Besonders die inferiore oder «minderwertige» Funktion, das ist die, die einem die größten Schwierigkeiten macht. Sie ist immer der Hauptfunktion entgegengesetzt. Ein einseitiges Übergewicht des Denkens ist beispielsweise stets mit einer Minderwertigkeit des Gefühls gepaart, und eine gutausgebildete Empfindungsfunktion schiebt der Intuition den Riegel vor. Und natürlich umgekehrt.»

«Hat die Typologie irgend etwas mit dem zu tun, was Sie bei mir als Midlife-crisis bezeichnen?» fragte Norman.

«Darauf wollte ich gerade kommen», sagte ich. «Teil des Problems, das zu einem Nervenzusammenbruch führt, ist die Mißachtung einiger Funktionen; diese pochen schließlich auf ihre Beachtung. Das tut weh. In der Regel wird dann die Schmerzursache auf jemand anders projiziert.

Dabei sind es letztlich Aspekte von einem selber, die erkannt und angenommen werden wollen. Vergessen Sie nicht, alles, was Sie normalerweise nicht sind, ist Ihr Schatten. Dazu gehört auch die inferiore Funktion. Ein Nervenzusammenbruch ist wirklich eine einmalige Gelegenheit, denn in der minderwertigen Funktion ist eine Menge Energie gebunden. Mit ihrer Bewußtwerdung beginnt oft ein neues Leben.»

Darüber hätte ich wieder ein ganzes Buch schreiben können, aber ich konzentrierte mich lieber auf Norman.

«Kann man zwei gutentwickelte Funktionen haben?» fragte er.

«Ja. Eine der Funktionen, die nicht der Hauptfunktion entgegengesetzt sind, ist meist recht gut ausgebildet. Zum Beispiel verträgt sich das Denken gut mit der Empfindung oder der Intuition; Fühlen oder Denken sind gute Hilfsfunktionen, wenn die Empfindung die Hauptfunktion ist, usw.»

Ich zeichnete ein weiteres Diagramm. «Daraus entsteht etwas, das so ähnlich aussieht wie dies – Intuition und Denken arbeiten beim spekulativen Denker Hand in Hand; Denken und Empfindung vereinigen sich zum empirischen Denken, usw.»

Norman betrachtete meine Zeichnung. «Woher weiß man, welche die beste und welche die minderwertige Funktion ist?»

«Das ist nicht ganz einfach», sagte ich, «denn wenn man in einem Komplex befangen ist, werden alle Funktionen durch Emotionen verzerrt. Wir sehen nicht mehr klar und können nicht mehr klar

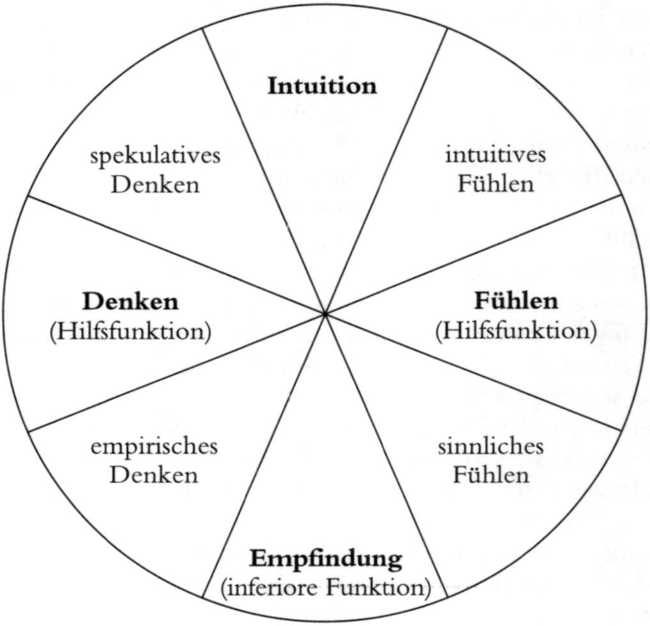

denken, wenn wir uns ärgern; selbst Glücksgefühle beeinflussen unser Empfinden für Menschen und Dinge. Wenn wir uns aufregen, können wir nicht mehr richtig beurteilen, was uns etwas wert ist; und wenn wir deprimiert sind, sehen wir keine Möglichkeiten mehr. Fest steht, daß man seine Funktionen infolge von Komplexen nur unzureichend ausnutzt.»

«Jetzt komme ich ganz durcheinander», sagte Norman.

Gut, dachte ich. Im Durcheinander liegt der Keim zur Weisheit.

«Jungs Modell auf Ihr Leben zu übertragen heißt, sich selbst zu beobachten», sagte ich.

«Wie meinen Sie das?» fragte Norman.

«Sie fragen sich in Ihrem normalen Alltagsleben: ‹In welcher Funktion bin ich dieser Situation oder jenem Menschen begegnet?

Mit welcher Wirkung? Haben mein Handeln und die Art, wie ich mich ausgedrückt habe, wirklich meine Einsichten (mein Denken und Fühlen) und meine Wahrnehmungen (meine Empfindung und Intuition) widergespiegelt? Und wenn nicht, warum nicht? Welche Komplexe waren bei mir aktiviert? Mit welchem Ergebnis? Wie und warum habe ich alles verkehrt gemacht? Was sagt das über meine Psychologie aus? Was kann ich daran ändern? Was *möchte* ich daran ändern?›»

Norman sann nach. «Und was ist mit Introversion und Extraversion?»

«Eine gute Frage. Sie stellen zwei vollkommen verschiedene Arten der Anpassung an die Umwelt dar. Der Introvertierte ist unschlüssig und in sich gekehrt, der Extravertierte ist offen und geht aus sich heraus, er lernt gern neue Leute kennen.» Ich dachte einen Augenblick nach. «Das ist allerdings übermäßig vereinfacht, Sie sollten wirklich Jung lesen.»

«Meinen Sie, es würde mir und Nancy weiterhelfen, wenn ich mich mit der Typologie befasse?» fragte Norman.

Ich nickte. «Vielleicht. Auch in bezug auf Ihre Kinder. Sonst erwarten Sie womöglich Dinge von ihnen, zu denen sie nicht fähig sind.»

Norman packte seine Sachen zusammen, um aufzubrechen. «Haben Sie Freunde, die noch nie etwas von Jungs Typenlehre gehört haben?»

«Aber sicher.»

«Und wie halten Sie das aus?»

Ich zuckte die Achseln. «Ich pokere mit ihnen. Und gewinne.»

Er schob ein Exemplar meines Typen-Buches in seine Tasche. An der Tür blieb er noch einmal stehen. «Was für ein Typ bin ich denn eigentlich Ihrer Meinung nach?» fragte er.

Das hatte ich erwartet. Norman will sich Arbeit ersparen.

«Ich weiß nicht. Bei Ihnen sind die Funktionen noch nicht klar zu unterscheiden. Sie sind gewissermaßen noch eine Schüssel voll Brei.»

Er zuckte zusammen.

«Nehmen Sie's nicht persönlich.» Ich schüttelte ihm die Hand. «Den meisten Leuten geht es nicht anders.»

Am folgenden Abend, ich war allein, schweiften meine Gedanken in die Zeit mit Arnold in Zürich zurück. Ich habe durch das Zusammenleben mit ihm fast genausoviel über Typologie gelernt wie durch das Lesen der Jungschen Werke.

Arnold war irrsinnig intuitiv. Ich nahm ihn bei seiner Ankunft auf dem Bahnhof in Empfang. Ich hatte drei Züge abgewartet. Wie es seinem Typ eigen ist, hatte er sich in seinem Brief nicht festgelegt. Ich hingegen war sehr bestimmt, dem meinen getreu.

«Ich habe ein Haus auf dem Land gemietet», erzählte ich ihm und schnappte seinen fahrbaren Handkoffer. Das Schloß war kaputt, und die Riemen waren abgerissen. Ein Rad fehlte. «Zwölfeinhalb Minuten von hier mit dem Zug, und der ist immer pünktlich. Das Haus hat grüne Fensterläden und gepunktete Tapeten. Die Vermieterin ist ein Goldstück, wir können es einrichten, wie wir wollen.»

«Großartig», sagte Arnold und hielt sich eine Zeitung über den Kopf. Es goß in Strömen. Er hatte keinen Hut und vergessen, seinen Regenmantel mitzubringen. Und er trug leichte Straßenschuhe, du lieber Himmel. Wir konnten sein restliches Gepäck nicht mitnehmen, weil er es bis Luzern aufgegeben hatte.

«Luzern, Zürich, für mich ist alles Schweiz», sagte er gleichmütig.

Zu Anfang war es ganz amüsant. Damals kannten wir uns noch nicht so gut. Ich wußte nicht, was alles auf mich wartete. Ich war noch nie mit einem so ... so *andersartigen* Menschen zusammen gewesen.

Zeit bedeutete Arnold nichts. Er verpaßte Züge, er versäumte Verabredungen. Er kam ständig zu spät zu den Vorlesungen, und wenn er endlich den richtigen Hörsaal gefunden hatte, hatte er sein Schreibzeug vergessen. Einmal schwamm er in Geld, ein andermal wieder besaß er keinen Pfennig mehr, denn er hielt nichts von Finanzplanung. Er konnte Osten nicht von Westen unterscheiden und verirrte sich regelmäßig, sobald er das Haus verlassen hatte. Manchmal sogar im Haus.

«Du brauchst einen Blindenhund», scherzte ich.

«Nicht, solange du da bist», grinste er.

Er ließ den Heizofen über Nacht an. Er schaltete nie das Licht aus. Essen kochte über, Fleisch brannte an, und er saß derweil auf der Veranda und betrachtete den Himmel. Ständig hing ein Geruch von verkohlten Toastscheiben in der Küche. Er verlor seine Schlüssel, seine Brieftasche, seine Vorlesungsnotizen, seinen Paß. Nie hatte er ein sauberes Hemd. In seiner alten Lederjacke, ausgebeulten Jeans und zwei verschiedenen Socken sah er wie ein Penner aus.

Sein Zimmer war ständig völlig durcheinander, als hätte eine Bombe eingeschlagen.

«Dir nur zuzuschauen macht einen wahnsinnig», pflegte ich vor mich hin zu brummen, während ich vor dem Spiegel meine Krawatte arrangierte.

Ich legte Wert auf ein gepflegtes Äußeres, dabei fühlte ich mich wohl. Bei mir war alles an seinem Platz. Mein Schreibtisch war ordentlich, mein Zimmer stets aufgeräumt. Ich drehte das Licht ab, wenn ich aus dem Haus ging, und ich hatte einen hervorragenden Ortssinn. Ich verlor nichts und war immer pünktlich. Ich konnte kochen und nähen. Ich wußte genau, wieviel Geld ich im Portemonnaie hatte. Nichts entging mir, ich erinnerte mich an jede Kleinigkeit.

«Du lebst nicht in der Realität», bemerkte ich einmal, als Arnold sich anschickte, ein Spiegelei zu braten. Eine wahre Heldenfahrt. Erst konnte er die Bratpfanne nicht finden, und als er sie endlich gefunden hatte, stellte er sie auf die falsche Herdplatte.

«Nicht in *deiner* Realität», sagte er ziemlich verschnupft. «Verdammt!» fluchte er gleich darauf. Er hatte sich zum wiederholten Mal verbrannt.

Ich brauche mich wohl nicht über die zusätzlichen Ärgernisse auszulassen, die ihre Ursache in Arnolds Extravertiertheit und meiner Introvertiertheit hatten. Es genügt, wenn ich hier sage, daß sie sich häuften. Er brachte zu jeder Tages- und Nachtzeit Leute mit nach Hause. Ich hielt etwas auf meine Privatsphäre und war gern still für mich allein. Ich versuchte stets, meinen Zeitplan einzuhalten. Tagsüber flüchtete ich in mein Zimmer und lernte oder tat wenigstens so. Nachts lag ich mit einem Kissen auf dem Kopf im Bett und mußte mir den Lärm von nebenan anhören.

Andererseits war Arnolds Lebensart manchmal auch ganz nützlich. Zum Beispiel, als wir das Haus einrichteten.

Unsere Vermieterin Gretchen, eine gepflegte, tüchtige Schweizerin, gab uns freie Hand. Sie hatte einen Narren an Arnold gefressen. Dabei benahm er sich längst nicht so gut wie ich, Gott sei's geklagt. «Suchen Sie nur aus, was Sie haben wollen», sagte sie. «Sie gehen einkaufen, und ich bezahle die Rechnung.»

Ich hatte gewisse Vorstellungen. Arnold auch. Meine Wünsche waren recht bescheiden, Arnolds nicht. Wir hatten bereits Betten und ein paar Stühle. «Nun noch ein schönes bequemes Sofa», sagte ich beim Eintritt in ein Kaufhaus. «Und dazu ein Bücherregal und einen Schreibtisch für jeden von uns, und ein paar Lampen. Mehr brauchen wir nicht.»

«Du hast keine Phantasie», sagte Arnold und steuerte mit mir zu den Antiquitäten hinüber. «Du übernimmst das Reden.»

Natürlich. Ich war nicht in die Schweiz gekommen, ohne zuvor ein wenig Deutsch zu lernen. Ehe ich Kanada verließ, hatte ich einen sechsmonatigen Berlitz-Sprachkurs belegt. Ich sprach nicht fließend, konnte mich jedoch verständlich machen. Notfalls konnte ich mich auch mit Französisch durchschlagen. Arnold konnte kein Französisch, und in deutscher Sprache konnte er nicht einmal zählen. Ich glaube, ihm war gar nicht bewußt, daß er ins Ausland ging. Ich schalt ihn deswegen des öfteren aus.

«Nur ein paar Sätze», beschwor ich ihn. «Sag doch mal *guten Tag.*»

Er ging mit einem Achselzucken darüber hinweg. «Sie sprechen doch alle Englisch.»

Eben nicht. Und zu meinem größten Leidwesen war die Umgangssprache auch noch Schwyzerdütsch, das sich für mich vom Hochdeutschen ebenso stark unterschied wie Gälisch oder Schottisch von Englisch. Ich war fast genauso aufgeschmissen wie Arnold.

Zurück zum Kaufhaus. Trotz babylonischen Sprachgewirrs brachten wir es fertig, einen guten Batzen vom Geld unserer Vermieterin zu verbraten. Während ich nach Worten suchte, um mich verständlich zu machen, gestikulierte Arnold wild mit den Händen herum. Als wir endlich gingen, hinausgeleitet von einem Schwarm dankbarer Verkäufer, hatten wir einiges bei uns, an das ich zuvor nie gedacht hätte: einen chinesischen Wandschirm, zwei indische Teppiche, ein komplettes Eßservice, acht Pfund Bratwurst und mehrere numerierte Drucke von Miro und Chagall.

Gretchen war begeistert. Sie gab uns zu Ehren ein Essen. Arnold blieb noch, als ich mich erhob. «Ich mach' nur noch den Mietvertrag fertig», grinste er.

Ich kämpfte mit mir, um Arnold gut zu finden. Ich wollte es wirklich. Seine aufgeschlossene Art und seine überschäumende Lebensfreude verfehlten ihre Wirkung nicht. Ich bewunderte die unbekümmerte Selbstsicherheit, die ihn umgab. Er brachte Leben in jede Party. Er paßte sich mühelos neuen Situationen an. Er war viel abenteuerlicher als ich. Wo er auch hinkam, immer war er gleich gut Freund mit vielen Leuten. Und brachte sie dann mit nach Hause.

Er besaß ein direkt unheimliches Einfühlungsvermögen. Wenn ich aus meinem gewohnten Trott nicht mehr herauskam und die Alltagsroutine mich erdrücken wollte, hatte er immer lauter Vorschläge parat. Sein Geist brütete stets etwas Neues aus; er strotzte nur so vor Plänen und Ideen. Meist traf er mit seinen Eingebungen ins Schwarze. Es war, als hätte er den sechsten Sinn, während ich auf die normalen fünf beschränkt blieb. Sein Blick ging tiefer als meiner – wo ich nur einen«Gegenstand» oder eine «Person» sah, erblickte er deren Seele.

Aber es kam dauernd zu Schwierigkeiten zwischen uns. Äußerte er die Absicht, dieses oder jenes zu tun, nahm ich ihn beim Wort. Ich dachte, er meinte, was er sagte, und würde tun, was er angekündigt hatte. Das war besonders ärgerlich, wenn er versäumte, zu einem bestimmten Zeitpunkt an einem bestimmten Ort zu sein. Es geschah ziemlich oft.

«Sieh mal», pflegte ich in diesem Fall zu sagen, «ich habe fest damit gerechnet, daß du dort bist. Ich hatte schon Karten gekauft. Wo hast du denn gesteckt?»

«Ich wurde aufgehalten», verteidigte er sich dann, «irgend etwas kam dazwischen, ich konnte nichts dagegen tun.»

«Du bist unberechenbar, auf dich ist kein Verlaß. Du bist oberflächlich und unbeständig. Du hast überhaupt keinen Standpunkt.»

Arnold sah das ganz anders.

«Ich rede ja nur von Möglichkeiten», sagte er, als ich ihm zum dutzendsten Mal den Vorwurf machte, er sei verantwortungslos oder führe mich an der Nase herum. «Sie werden erst realisierbar, wenn ich sie in Worte fasse und sie dadurch allmählich Gestalt annehmen. Das heißt jedoch nicht, daß ich mich nun unbedingt daran halte. Vielleicht fällt mir etwas Besseres ein. Ich bin nicht an das gefesselt, was ich sage. Ich kann nichts dafür, wenn du alles so wörtlich nimmst.»

Und er fuhr fort: «Intuitionen kreisen in meinem Kopf herum wie Vögel. Sie kommen und gehen. Womöglich verfolge ich sie gar nicht weiter, wer weiß, aber ich muß mir wenigstens die Zeit für eine Bewertung ihres Fluges nehmen.»

Eines Morgens nach dem Aufstehen fand ich wieder einen total verkohlten Topf auf glühender Herdplatte. Arnold quälte sich aus dem Bett und suchte seine Brille.

«Hast du meinen Rasierapparat gesehen?» rief er.

«Verflucht noch mal», schrie ich in höchster Wut und schnappte mir den Topflappen, «eines Tages wirst du noch das ganze Haus niederbrennen, und von uns wird nur ein Häuflein Asche übrigbleiben! ‹O weh›, wird man sagen, wenn man unsere sterblichen Reste in kleine Urnen löffelt, um sie unseren Angehörigen zu schicken, ‹sie waren so vielversprechend. Zu schade, daß einer von ihnen ein solcher Trottel war!›»

Arnold kam in die Küche geschlurft, als ich eben den Topf zur Tür hinauswarf.

«Ach ja?» sagte er. «Du hast gestern abend für Cynthia gekocht. Ich war gar nicht hier.»

Das stimmte. Ich wurde rot. Mein aufgeblasenes Selbstbewußtsein bekam einen Knacks. Die mir bekannte Wirklichkeit erweiterte sich jäh.

«Tut mir leid», sagte ich kleinlaut, «das hatte ich ganz vergessen.»

Arnold klatschte in die Hände und tanzte im Zimmer herum. «Willkommen beim Menschengeschlecht!» sang er, seine Noten waren krumm und schief wie immer.

Da erst wurde mir klar, daß Arnold mein Schatten war. Es fiel mir wie Schuppen von den Augen. Das war eigentlich übertrieben – wir hatten längst festgestellt, daß unsere Komplexe grundverschieden waren –, aber ich war wie vom Blitz getroffen. Ich sagte es Arnold.

«Mach dir nichts draus», sagte er, «du bist schließlich auch mein Schatten. Darum könnte ich manchmal die Wände hochgehen.»

Wir umarmten uns. Ich glaube, dieser Vorfall hat unsere Beziehung gerettet.

Das liegt lange zurück. In der Zwischenzeit bin ich Arnold ähnlicher geworden. Und er mir. Er kann mittlerweile links und rechts unterscheiden, und er hat tatsächlich Häkeln gelernt. Sein Blick für Details ist oft schärfer als meiner. Er lebt allein und hat einen herrlichen Garten. Er kennt die Namen all seiner Blumen auf Lateinisch.

Ich indessen gebe Partys und lungere gelegentlich bis zum Morgengrauen in irgendwelchen Kneipen herum. Ich verlege wichtige Dokumente. Ich vergesse Namen und Telefonnummern. Ich finde mich in fremden Städten nicht mehr zurecht. Ich denke über Möglichkeiten nach, während sich um mich herum alles anhäuft. Wenn ich keine Putzfrau hätte, würde ich bald im Dreck umkommen.

Solche Entwicklungen sind die überraschende Folge davon, seinen Schatten kennenzulernen und in sein Leben einzubeziehen. Einmal in Gang, ist dieser Prozeß kaum noch aufzuhalten. Man kann niemals zu dem zurückkehren, was man früher war, aber was man hier einbüßt, macht man dort wieder wett. Man verliert etwas und eröffnet sich gleichzeitig eine neue Dimension, die vorher nicht da war. Für das, was einseitig an einem war, findet man ein Gegengewicht. Man lernt, andere so zu nehmen, wie sie sind, und entwickelt eine neue Einstellung zu sich selbst.

Ich treffe Arnold ab und zu. Wir sind immer noch Schatten-Brüder, auch wenn sich das Blatt gewissermaßen gewendet hat.

Ich erzähle ihm von meiner letzten Eskapade. Er schüttelt den Kopf. «Du Herumtreiber», sagt er und haut mir auf die Schulter.

Arnold liebt jetzt stille Abende am Kamin mit wenigen engen Freunden und behauptet, nie wieder reisen zu wollen. Das sagt ausgerechnet er, der alte Flegel, der schon beim geringsten Anlaß auf und davon lief, als wir noch zusammenwohnten.

«Du bist ein Langweiler und völlig berechenbar», sage ich und gebe ihm einen Puff.

«So mag ich's», sagte Rachel. «Aus dem vollen.»

Rachel ist meine Anima. Wir stimmen nicht immer überein, aber im großen und ganzen ist sie eine hilfreiche Muse. Ich rede von Zeit zu Zeit mit ihr, um zu wissen, wo's langgeht.

«Meinst du, ich habe Arnold zu hart angefaßt?» fragte ich. «Ich möchte seine Gefühle nicht verletzen.»

Rachel lachte. «Ein bißchen Übertreibung tut niemandem weh», sagte sie. «Aus dir spricht dein Mutterkomplex.»

Rachel hat im allgemeinen recht.

6
Das Grinsen der Ewigkeit

Was ist härter: hingerichtet zu werden oder die langen, unerträglichen Qualen zu erleiden, von Gänsen zu Tode getrampelt zu werden?

Kierkegaard: *Tagebücher*

«Hören Sie», sagte Norman, «ich habe nicht vergessen, was Sie über den Puer gesagt haben. Ich möchte erwachsen werden. Aber ich möchte auch Kind sein können, wenn mir danach zumute ist. Muß ich darauf verzichten?»

«Das weiß ich nicht», sagte ich.

Typisch Puer, in Begriffen wie entweder/oder, dies oder das, schwarz oder weiß zu denken. In der Grauzone zu leben und die Spannung zwischen den Gegensätzen auszuhalten fällt einem Puer schwer.

«Na, egal, jedenfalls habe ich das Grasrauchen aufgegeben.» Er zog sein Notizbuch aus der Tasche. «Hören Sie sich diesen Traum an. Ich habe mich in der Wüste verirrt und sitze im Sand. Die Sonne brennt herab, es ist heißer als in der Hölle. Ich habe fast alle Hoffnung aufgegeben. Plötzlich erklingt Musik, und weit in der Ferne kommt eine Kapelle über die Sanddünen marschiert.

Wie sie näher kommt, sehe ich, daß es Zwerge sind mit Trommeln, Trompeten und Posaunen. Sie singen und schlagen Purzelbäume. Sie tragen ein riesiges Schild mit der Aufschrift: KEIN DOPE MEHR.»

Wir lachten herzlich darüber. Er träumte nicht zum ersten Mal davon, in der Wüste zu sein. Er wußte, daß es sich dabei nicht einfach nur um einen Ort ohne Leben handelt, sondern daß man sich dort der Überlieferung nach mit Teufeln auseinandersetzen muß und irgendeine Art Offenbarung erfährt. Ich erklärte ihm, daß Zwerge im Traum die Stelle der hilfreichen Tiere im Märchen einnehmen. Musik wird symbolisch mit dem Fühlen assoziiert, der Funktion, die uns sagt, was uns etwas wert ist. Ich war froh, sie bei Norman deutlich hervortreten zu sehen.

«Das heißt nun nicht, daß ich es nie mehr rauchen werde», sagte er. «Es hat mir viel Spaß gemacht. Ich bin ein ganz anderer Mensch, wenn ich high bin. Meine Sorgen verschwinden. Die Welt weitet sich, und ich fühle mich so frei wie ein Vogel.»

Natürlich, dachte ich. Dabei wird sein Schatten befreit.

«Aber mich interessiert, was ohne das Zeug passiert.»

Norman verstummte für längere Zeit. Wenn das geschieht, weiß ich, daß etwas heraus will. Leute in der Psychoanalyse sind selten still, weil sie nichts zu sagen wüßten. Schließlich zahlen sie einen anständigen Batzen, um frei von der Leber weg reden zu dürfen. Wenn sie schweigen, dann meist nur, weil sie sich überlegen, wie sie das, was sie im Innern bewegt, in Worte fassen können. Ich hatte schon Klienten, die eine volle Stunde lang nichts sagten, manchmal wochenlang. Und kaum war der Sturm losgebrochen, kam ich einen Monat lang nicht mehr zu Wort.

In meinen ersten Jahren als Psychoanalytiker war mir das Schweigen unangenehm. Die Zeit verrann. Zeit ist Geld; sie bekamen nichts für ihr Geld. Äußerlich blieb ich ruhig, aber innerlich war ich in Aufruhr. Mir war, als müßte ich ihnen ein Stichwort geben, ihnen Hilfe leisten. Arnold behauptete, das hätte ich meinem positiven Mutterkomplex zu verdanken. Ich glaube, er hatte recht.

Jetzt betrachte ich in der drückenden Stille die Regenbögen auf meinen Wänden. Sie entstehen, wenn das Sonnenlicht durch die geschliffenen Scheiben der Fenster fällt. Allerdings nur an Sonnentagen. Bei bedecktem Himmel zupfe ich Fusseln von meiner Hose. Sicher, ich reiche immer noch Papiertücher zum Tränenabwischen weiter, aber ich sage keinen Ton.

Als Norman schließlich den Mund aufmachte, kam ein gewaltiger Satz.

«Ich habe beschlossen, enthaltsam zu leben», sagte er und schlug die Beine übereinander. «Ich meine, monogam.»

Ich blieb äußerlich unbewegt, aber innerlich klatschte ich in die Hände. Das Dope-Rauchen aufgeben und mit dem Herumvögeln aufhören, alles auf einen Schlag!

Ich neigte den Kopf schräg. «Dann entgeht Ihnen aber einiges», warf ich ein.

Norman blieb ungerührt. «Sie wollen mich wohl auf die Probe stellen!» sagte er. «Ich habe es mir aber schon seit Wochen überlegt. Ich bin sicher, so und nicht anders geht es. Nancy trifft sich noch immer mit ihrem ... Freund» – das Wort blieb ihm fast im Hals stecken –, «aber das ist ihre Sache. Ich für mein Teil weiß jetzt, wo es langgeht. Ich habe ein gutes Gefühl dabei. Wenn ich mich nicht auf eine einzige Beziehung konzentriere, bin ich verloren.

Ich glaube, ich schlage ihr einfach vor, daß wir uns gegenseitig treu sind, keine Liebhaber haben und zusehen, daß wir zusammen damit klarkommen. Wenn ihr Freund ihr wichtiger ist als unsere Beziehung, gehe ich eben. Was halten Sie davon?»

Ich sah voraus, daß sein Mutterkomplex ihm eine Menge Ärger machen würde.

«Sie haben etwas für Harmonie übrig», sagte ich. «Wenn Ihre Frau sich noch nicht so festlegen kann und will – und sie denkt ja noch, Sie wüßten nichts von ihrem Geliebten –, wird sie stocksauer. Was machen Sie denn dann? Vielleicht hat sie sich sehr eng an den anderen Mann angeschlossen. Ihr Leben hängt vielleicht von ihm ab. Was ist, wenn sie ihn nicht aufgeben will? Wie werden Sie damit fertig? Was wollen Sie machen, wenn sie Ihnen den anderen vorzieht? Was ist, wenn Sie von ihr ausgelacht werden? *Wo bleibt die ‹furchtbare Mutter› in dem Ganzen?*»

Ich geriet richtig in Fahrt und verbarg meine Aufregung gar nicht erst.

Norman blieb ruhig. Die letzten drei Monate zeigten doch eine gewisse Wirkung.

«Wissen Sie, ich hatte einen Traum. Nach einer Party. Dort hatte ich dieses hübsche kleine Ding namens Wendy getroffen, das mich richtig toll fand. Ich sagte ein paar Worte, und sie war hin. Die Säfte stiegen, kann ich Ihnen sagen. Ich wollte schon zusagen, ich fühlte mich rundum wohl, aber dann bin ich lieber eine Weile fortgegangen und habe nachgedacht.»

Er wurde sehr ernst. «Ich saß in der Küche und ging im Geiste all die Frauen durch, mit denen ich zusammen war, seit ich verheiratet bin. Bei 35 hörte ich auf zu zählen.» Er errötete. «Du lieber Himmel! Ich habe alles aufs Kreuz gelegt, was in Sicht kam! Manche waren völlig verrückt, und ich habe es nicht einmal bemerkt! Ich weiß kaum noch die Namen. Und warum? Weil ich zu Hause nicht glücklich war, darum. Und ich hatte immer Schuldgefühle deswegen. Ich bin eingehüllt von Schuldgefühlen, als wäre ich in Gelee eingemacht.

Ich erklärte Wendy, ich fände sie nett, aber ich sei verheiratet. Ich sagte nein!»

Und hast dabei deine Frau zu deiner Verteidigung vorgeschoben, fügte ich im stillen hinzu.

«Wie war der Traum?» erkundigte ich mich.

«Ich bin gutgelaunt ins Bett gegangen», sagte Norman. «Ich habe ein paar zaghafte Versuche bei Nancy gemacht, aber sie hat nicht reagiert. Das war nicht so schlimm. Ich lag wohlgemut da und bin sofort eingeschlafen. Ich träumte, meine Mutter riefe an. Sie war in einem Haus, und Einbrecher versuchten dort einzudringen. ‹Ich brauche dich›, sagte sie. Sie wollte, daß ich komme und sie rette. Ich sagte ihr, ich hätte zuviel zu tun, und legte den Hörer auf. Ich erwachte ganz aufgeregt.»

Wir schwiegen eine Weile. Einer Frau nein zu sagen bedeutete für Norman, Front gegen seinen Mutterkomplex zu machen. Das wußten wir beide. In früheren Träumen hatte Norman sich fast umgebracht, um seine Mutter zu retten. Sein erster Traum fiel mir ein, wo er mit seiner Mutter in einem Haus war, das in Flammen stand. In einem späteren Traum war er in ein brennendes Haus eingedrungen und hatte sie auf seinem Rücken hinausgetragen; wieder in einem anderen Traum hatte er tatsächlich seine Geschlechtsteile abgeschnitten und seiner Mutter überreicht – wie in der griechischen Sage Attis, der Sohn und Geliebte, der sich seiner eifersüchtigen Mutter Kybele zu Gefallen selbst entmannte. Wir brauchten über diese Träume nicht zu reden. Sie waren um uns.

Ich weiß nicht, was in Norman vorging, aber Jungs Bemerkung kam mir in den Sinn, daß ein Mann zum Erwachsenwerden «eines treulosen Eros bedürfe, eines, der die Mutter vergessen und sich selber wehtun kann, indem er die erste Geliebte seines Lebens verläßt».[56]

Ich seufzte in Erinnerung daran, wie ich einmal ans Telefon ging, um meine Mutter anzurufen, und ihre Rufnummer nicht mehr wußte.

«Sie haben sich verändert», sagte ich, «aber Ihre Frau vielleicht nicht.»

---

[56] «Die Syzygie: Anima und Animus», *Aion,* GW 9/2, Par. 22.

«Weiß ich nicht», sinnierte Norman. Dann sah er mich direkt an. Seine Augen glänzten. «Ich weiß nur, daß ich nicht mehr so weitermachen will wie bisher, als ob alles in Ordnung sei. Ich will einfach nichts mehr vortäuschen. Sicher, sie wird das nicht unbedingt gut finden. Ich kann es vielleicht selbst nicht aushalten. Ich weiß es nicht. Ich nehme an, ich muß einfach die Konsequenzen tragen.»

Ich war sehr stolz auf Norman. Davon sagte ich ihm jedoch nichts, da er sich sonst womöglich in meiner Bewunderung sonnen würde. Die Gefahr einer Inflation besteht immer. Ich hielt es für viel besser, ihn eine Weile zappeln zu lassen und abzuwarten, was geschehen würde.

Er war richtig in Fahrt gekommen. Ich wußte nicht, wohin die Reise gehen mochte, aber ich drückte ihm die Daumen. «Bleibe in unsicherem Gelände nie auf einem Abhang stehen», schreibt René Daumal. «Der Berg lauert immer auf die Gelegenheit, dir den Boden unter den Füßen wegzuziehen.»[57] Ich mußte an all die Möchtegern-Märchenhelden denken, die den gläsernen Berg nicht bezwingen konnten.

Als Norman gegangen war, suchte ich meine alten, inzwischen muffigen und vergilbten Aufzeichnungen hervor. Ich hatte jahrelang keinen Blick darauf geworfen. Sie fangen mit Beginn meiner Psychoanalyse vor zwanzig Jahren an und enden fünf Jahre später, kurz nach meiner Abreise aus Zürich. Ich fand sie in einem Karton hinter dem Ofen. Erstaunlich, daß ich sie nicht schon längst weggeworfen hatte.

Es tat weh, das Zeug zu lesen. Träume, Gedichtfetzen, triviale Berichte aus der alltäglichen Tretmühle. Ich weinte. Ich biß die Zähne zusammen. Mir wurde schlecht. Ich konnte kaum glauben, so gewesen zu sein. Seite für Seite Qualen und Selbstmitleid. Das Ganze war die peinliche Chronik eines Puer ohne sonderlich erlösende Einsichten.

Wie hatte ich überhaupt mein Diplom erwerben können?

Und als ich es erworben hatte, was bedeutete das?

Dann ging ich meine alten dichterischen Versuche durch. Der gleiche Schund, nur noch schlimmer. Ein Haufen Kurzgeschichten und drei Novellen, alles unveröffentlicht – von der Art, die

---

[57] René Daumal: *Der Analog,* Suhrkamp, Frankfurt 1983, S. 119.

berühmte Dichter in ihrem späteren Leben als Jugendwerke bezeichnen. Es gab nur wenig, auf das ich stolz sein konnte. Kein Wunder, daß ich so viele Absagen erhalten hatte. Nachdenklich las ich ein paar davon. Die meisten waren Formbriefe. Aus einem sprach Verwirrung, aber doch auch Wohlwollen:

> Es ist schwierig, aus Ihrem Material klug zu werden. Ihr Manuskript ist eine merkwürdige Mischung – Philosophisches, auf einen andeutungsweise fiktiven Rahmen gepfropft. Positiv zu werten ist, daß viele Passagen recht schön sind und das ganze Werk eine gewisse eindringliche Würde hat...

Ich weiß noch, daß ich diesen Brief wegen der «eindringlichen Würde» aufgehoben habe. Es war fast ebensogut, wie veröffentlicht zu werden. Ich lernte die Lektorin, die das geschrieben hatte, einige Jahre später auf der Frankfurter Buchmesse kennen. Sie konnte sich nicht an mich erinnern. Inzwischen hat sie einen eigenen Verlag und wohnt auf der gleichen Straße wie ich. In meiner Phantasie platze ich ihr eines Tages ins Büro, und dann plaudern wir miteinander von gleich zu gleich.

Ich goß mir einen starken Drink ein und knabberte etwas dazu. Ich maß mich im Geiste mit Norman. Er war in nahezu jeder Hinsicht weiter als ich in der gleichen Lage. In seinem Stadium der Analyse gab ich noch immer meiner Frau an allem die Schuld. Seine letzte Entscheidung, sich auf eine Beziehung festzulegen, war etwas, an das ich überhaupt erst ungefähr sechs Monate später dachte. Und seine Erkenntnis, daß er die Konsequenzen auf sich nehmen müsse, wenn er Stellung bezog... also, ich selbst habe damit immer noch Probleme.

Und wie Norman mich anschaute. Er weicht normalerweise meinem Blick aus. Heute sah er mir direkt ins Gesicht, ohne Umschweife. Alle Achtung. Die Augen sind die Fenster der Seele. Wenn man jemandem in die Augen schaut, ist es, als liege seine Psyche offen vor einem. Ich glaube, ich war schon über zwei Jahre in der Analyse, ehe ich mich so bloßzustellen traute.

Ich ging zutiefst deprimiert ins Bett. Ich war ja gar nicht reif für den Beruf des Analytikers. Ich war ein Betrüger. Genausogut konnte ich aus Kaffeesatz lesen. Ich konnte niemandem eine Hilfe sein. Mit Sicherheit gab es nichts an mir, das den sogenannten Individuationsprozeß besonders vertrauenerweckend erscheinen ließ.

Das nennt man negative Inflation – die Identifikation mit Dingen, die man an sich selbst nicht mag.

Es war lange her, daß ich einen Traum aufgezeichnet hatte. Doch in jener Nacht tat ich das.

Ich war in einem Universitäts-Hörsaal und hielt vor Studienanfängern eine Vorlesung. «Und genau darum geht es im Leben», schloß ich flott und warf das Stück Kreide in die Luft. Ich hatte eine junge Studentin weiter hinten im Auge. Sie war wirklich entzükkend.

In der ersten Reihe stand ein junger Mann auf. Er war um die Neunzehn. «Stimmt es nicht», sagte er, «daß Sie Ihre Familie verlassen haben?» Er schaute sich um und kicherte. Durch die Zuhörer ging ein Raunen.

«Stimmt.»

«Sie haben wirklich Ihre Frau und Ihre Kinder allein gelassen?»

Ich ließ den Kopf hängen. «Ja.»

«Sie haben sie *mittellos* sitzenlassen?»

«Halt, Sie verstehen nicht ganz ... ich hatte keine andere Wahl ...»

Der junge Schnösel zog eine Peitsche aus seinem Gürtel und wollte eben auf mich einschlagen, als Jung erschien, sehr bühnenwirksam.

«Stopp!» rief er. Er war alt, mindestens achtzig. Er ging gebeugt und am Stock. Er humpelte zwischen mich und die Studenten. «Dieser Mann ist ein Mensch», sagte er und wies auf mich. «Das ist sein einziges Verbrechen.» Er wandte sich zu mir um und sagte: «Gehen Sie. Machen Sie Ihre Arbeit und hören Sie auf, sich schuldig zu fühlen.»

Ich wachte auf und war irgendwie erleichtert.

Bei unserer nächsten Zusammenkunft war Norman in schlechter Verfassung. Er kam in mein Sprechzimmer geschlichen wie ganz zu Anfang, ein geprügelter Hund.

Armer Kerl, dachte ich, sie macht dir die Hölle heiß.

«Ich bin am Boden zerstört», sagte er und sank in einen Ledersessel. Ich wartete.

«Es war schrecklich», fuhr er fort. «Sie hat zugebissen. Nein, nicht wörtlich. Dazu ist Nancy zu sehr Dame. Sie geht raffinierter vor. Sie kann mich mit Fußtritten traktieren, ohne daß eine Spur davon zurückbleibt.»

Er verzog das Gesicht zu einer Grimasse.

«Ich war einen Tag in Buffalo. Ich wollte dort ein wichtiges Geschäft abschließen. Ich hätte über Nacht bleiben und an der Bar herumhängen können. Bars haben ja einiges zu bieten. Man weiß nie, was sich tut. Habe ich Ihnen je von Sheila und ihrem dressierten Affen erzählt? Das war vielleicht ein Paar! Es lief ganz gut mit uns, bis sie anfing, mich zu Hause anzurufen und mir körbeweise Weintrauben ins Haus schickte. Ich erzählte Nancy, da müsse eine Verwechslung vorliegen.»

Da bei Norman die Empfindungsfunktion gut ausgebildet ist, ist seine Intuition, die Möglichkeiten wahrnimmt, von seinem Schatten geprägt: moralisch suspekt, jedenfalls nicht ganz lauter.

«Ich habe der Versuchung widerstanden, dazubleiben und es darauf ankommen zu lassen. Ich bin nach Hause gefahren. Ich freute mich wirklich auf Nancy und die Kinder. Klar, das ist bei mir normal, ich bekomme immer Heimweh, wenn ich unterwegs bin. Aber ich bin oft nur wegen der Möglichkeit weggeblieben, etwas zu erleben. Sie wissen ja, wie das ist – ein langer Tag liegt hinter einem, man trinkt ein paar Gläschen und sehnt sich nach menschlicher Nähe. In dieser Beziehung konnte ich mich nie auf Nancy verlassen, wenn Sie verstehen, was ich meine. Wie gesagt, sie hat sich nicht verweigert, aber so ein Alleingang macht keinen Spaß.»

Komm endlich zur Sache, Norman, das kenne ich alles schon.

«Nancy macht immer ein schönes Essen, wenn sie weiß, daß ich heimkomme. Sie ist eine exzellente Köchin und hat drei Jahre Kurse in feiner Küche belegt. Ich malte mir also ein köstliches Mahl aus, Pfeffersteak mit Knoblauch vielleicht – Nancy macht eine unglaublich gute Sauce Béarnaise – und dazu ein erlesenes Fläschchen Wein. Ich habe eine Vorliebe für Spitzenweine der Lage Beaujolais-Villages aus den guten Jahrgängen '84 und '85. Wir spielen noch ein bißchen mit den Kindern, bringen sie ins Bett und plaudern dann in aller Ruhe am Kaminfeuer. Alles wirklich gemütlich, das typische Familienidyll. Wie in der Werbung, nicht wahr? Ich lege Musik auf – vielleicht die Beatles, die mögen wir immer, oder die McGarrigle Sisters, vielleicht auch Sting, phantastische Texte, er ist in England in Jungscher Analyse, wußten Sie das?»

Dieses Abschweifen in zig Einzelheiten macht mich wahnsinnig! Ich will Fakten, zack, zack, zack! Norman ringelt sich mit seinem Vortrag schlangengleich durchs hohe Gras. Er wird schon irgendwann dort ankommen, wohin er unterwegs ist, aber bis dahin genießt er erst einmal die Reise. Ich sollte ihm das gönnen, gerade Wege sind nicht immer die kürzesten. Ich täuschte Ruhe vor.

«. . . Es ging alles schief», sagte Norman eben.

«Es ging alles schief», nickte ich weise.

«Erstens gab es kein Steak, sondern Fisch. ‹Seezunge Müllerin›, natürlich perfekt zubereitet, aber zufällig mag ich keinen Fisch. Es schnürt mir die Kehle zu, weil ich immer nach Gräten suche.

Zweitens hatte Nancy vergessen, Wein zu besorgen. Wir hatten bloß Apfelsaft. Ich hasse Apfelsaft. Ich muß dabei immer an die Würmer denken.

Und dann die Kinder. Ich liebe meine Kinder, wirklich. Aber sie sind unmöglich, wer kann schon mit Kindern zusammensein, ohne aus der Haut zu fahren! Ian ißt bloß Corn-flakes oder Knorr-Suppen. Nancy sagt, das sei nur eine Entwicklungsphase, die vorübergehe, aber ich bin da nicht so sicher. Er saß vor seinem Teller und matschte die Corn-flakes einzeln in die Milch. Toastbrot ißt er nur, wenn es bis zum Rand mit Butter bestrichen ist. Ich hätte beinahe losgebrüllt. Jennifer macht noch immer in die Hose und weigert sich, die Nase zu putzen. Ihre Wangen sind wie Leder von all dem Rotz, den sie hineingerieben hat.»

Ich fing an zu lachen. Und war dem Weinen nahe. Norman spürte es.

«Ohne Fernsehen können sie nicht stillsitzen, und für Puzzles haben sie nicht das geringste übrig. Flohhüpfen! Mau-Mau! Playmobil-Figuren! Transformatoren! Elektrische Eisenbahnen! Sie haben alles, aber sie werfen nicht einmal einen Blick darauf. Sie können nicht lesen, und schreiben schon gar nicht!»

Wir hielten uns den Bauch vor Lachen.

Norman erholte sich als erster.

«Ich brachte die Kinder ins Bett, während Nancy ein heißes Bad nahm. Ich hielt das für ein gutes Zeichen. Nach dem Baden ist sie im allgemeinen eher geneigt, mit mir zu schlafen. Ich entkleidete mich und zog meinen Bademantel an, den sie mir zu Weihnachten geschenkt hatte. Ich legte *Frank Sinatra's Greatest Hits* auf, sie findet die Platte super. Ich stellte den Grand Marnier mit zwei Schwenkern bereit und legte mich auf den Teppich vor dem Kamin.

Gut, dachte ich, jetzt muß es sein. Ich werde ihr reinen Wein einschenken. Aufrichtige Bekenntnisse. Ich werde ein paar Seitensprünge zugeben – nichts aus der Nachbarschaft, nichts, was ihr zu nahe geht – und ihr sagen, daß ich alles über sie und Boris weiß. Ich werde allen anderen Frauen abschwören und sie meiner ewigen Liebe versichern. Sie wird es auch so machen, und dann werden wir uns im letzten Schein der Glut wie verrückt lieben. Wie Bogart und die Bacall im Film.»

Norman sah auf seine Fußspitzen. «Als Nancy herunterkam, war sie schick gekleidet, mit frischem Make-up und allem Drum und Dran. ‹Ich gehe noch ein Weilchen aus›, sagte sie. Ich konnte meine Enttäuschung nicht verbergen. Mein Kinn klappte zwei Fuß herunter. ‹Es ist 22 Uhr 30›, sagte ich, ‹bist du sicher, daß das sein muß?›

Nancy packte allerlei in ihre Handtasche. ‹Valerie eröffnet heute ihre Ausstellung, ich dachte, ich hätte es dir erzählt. Ich habe ihr versprochen hinzukommen.›

Valerie ist diese verrückte Freundin von Nancy, eine Töpferin. Sie macht ziemlich modisches Zeug, manche nennen es Kunst. Wenn Valerie zu uns kommt, wackeln die Wände. Selbst die Katzen hauen ab und verkriechen sich. Ich mag weder Valerie noch ihre Töpfe.

‹Ich hatte gehofft, wir würden miteinander reden›, sagte ich und rieb den Rand meines Glases mit dem Finger, bis er Huu-huu machte.

‹Und worüber wolltest du mit mir reden?› fragte Nancy mit einer Spur Sarkasmus.

Ich kam mir schon ziemlich blöde vor, wie ich da halbnackt auf dem Fußboden lag. Aber ich riskierte es.

‹Wir könnten mit Boris anfangen›, sagte ich.

‹Boris? Was ist mit Boris?› Sie verschränkte die Arme. Nancy verschränkt immer die Arme, wenn sie spürt, daß sie verwundbar ist.

‹Kommt er auch zu der Eröffnung?›

‹Könnte sein›, sagte Nancy. Sie konnte meinem Blick nicht standhalten. ‹Du bist ebenfalls eingeladen.›

‹Klar, um dir den Spaß zu verderben›, sagte ich kläglich.

‹Sei nicht albern!› sagte Nancy. Ich zuckte zusammen. Sie hatte mich noch nie angegriffen. Bisweilen herrschte eine stille Feindseligkeit zwischen uns, aber so hatte ich sie noch nie erlebt.

‹Du bist die halbe Zeit nicht da, und wenn du dann mal zu Hause bist, erwartest du von mir, alles abzusagen. Denkst du etwa, ich wüßte nicht, was du machst, wenn du fort bist? Glaubst du, ich wüßte nicht, wo all die Trauben herkamen? Meinst du, ich wäre doof? Ich habe die Nase gestrichen voll! Das Leben geht weiter, sage ich dir, auch ohne dich. Ich spiele nicht Mauerblümchen, wenn du weg bist, und den Teufel werde ich tun, wenn du hier bist!›

Es verschlug mir die Sprache. Meine Zunge quoll mir im Mund. Ich starrte sie bloß an und biß mir auf die Lippen.

‹Du brauchst wegen mir nicht aufzubleiben›, sagte sie noch und ging.»

Norman sank in den Sessel zurück und schloß die Augen. Irgendwo sangen Vögel, aber wir saßen endlich mitten im Dreck.

«Ich war niedergeschmettert. Ich zog mir einen Joint rein und trank den Grand Marnier aus. Eine Zeitlang ging ich ruhelos auf und ab und malte mir aus, wo ich jetzt lieber wäre. Schließlich ging ich zu Bett. Nancy kroch ungefähr um drei Uhr neben mich. Ich kuschelte mich eng an sie. Sie drehte sich nicht zur Begrüßung um, aber sie rückte auch nicht ab. Ich glaube sogar, sie half ein wenig nach, als ich sie von hinten anging. Wir hatten uns seit Wochen nicht mehr geliebt. Es war einfach ein herrliches Gefühl, einmal wieder so in ihr zu sein.»

Norman ist also wieder da, wo er angefangen hat, ein Sklave der Mutter, seiner Frau. Er war schon dabei, den goldenen Ring zu gewinnen, den Stier bei den Hörnern zu packen, und was tut er? Bei der ersten besten Gelegenheit kriecht er wieder in den Mutterleib zurück. Dankbar, daß er noch aufgenommen wird.

Ich machte ihm deswegen keinen Vorwurf. Weiß Gott, ich war auch schon soweit und habe mich in den Laken gewunden. Aber ich bin auch nicht für Norman verantwortlich. Entweder er schafft es, oder er schafft es nicht. Ich werde ihn jedenfalls um nichts in der Welt bemuttern. Er ist für sich selbst verantwortlich, er geht unter oder schwimmt. Sein Problem.

Warum fühle ich mich dann so ausgelaugt und gerädert?

Ein Satz aus den *Aufzeichnungen des Malte Laurids Brigge* von Rilke fällt mir ein: «Ich habe keine Vorstellung von der Menge Beistand, die fortwährend verbraucht wird.»[58] Und meine eigene ironische Version davon: «Wieviel Beistand gibt es doch, und wie riesig ist der Gulli, in den alles hineinläuft!»

---

[58] Rainer Maria Rilke: *Die Aufzeichnungen des Malte Laurids Brigge*, a. a. O., S. 144.

Gut und schön, ich setzte hohe Erwartungen in Norman. Er hätte ja eine Kämpfernatur sein können. Ich selbst hing mittendrin, hatte meine Objektivität verloren. Ich verwechselte Maulheldentum mit Integration. Vielleicht ist es für uns heute im 20. Jahrhundert zu kostspielig, ein Romantiker zu sein. Selbst Nietzsche müßte als Zeitungsjunge arbeiten, um zu überleben.

O weh, armer Norman, ich verstand ihn gut. Kein Mensch vermag sich durch Vernunftsgründe oder eine reine Willensanstrengung zu ändern; er kann nur das werden, was potentiell in ihm angelegt ist. Und selbst wenn eine Veränderung eintritt, verlieren die alten Gleise dennoch nichts von ihrer Anziehungskraft. Jung bemerkt dazu:

> Wer sich von der Mutter trennt, sehnt sich nach ihr zurück. Diese Sehnsucht kann zur verzehrenden Leidenschaft werden, welche alles Gewonnene bedroht. In diesem Fall erscheint dann die «Mutter» einerseits als höchstes Ziel, andererseits als gefährlichste Bedrohung, als «furchtbare» Mutter.[59]

Ade, Norman. Ich habe es kommen sehen, aber ich hatte zu große Erwartungen. Es gibt bei diesem Prozeß keine Garantien. Er hatte einfach nicht das nötige Zeug. Ich bereite mich geistig schon auf einen neuen Klienten vor.

Doch halt, die Sitzung ist noch nicht zu Ende.

Norman öffnete die Augen. «In der betreffenden Nacht hatte ich einen Traum. Genauer gesagt einen Alptraum. Ein Eisengürtel umschnürt meine Taille. Ein hünenhafter Mann – ein Riese! – zieht an beiden Enden des Gürtels. Es tut so weh, daß ich kaum atmen kann. Ich meine, in zwei Hälften geteilt zu werden, wenn er nicht losläßt. Es ist ein Kampf auf Leben und Tod. Ich kriege einen Holzhammer zu fassen und schlage zu, immer wieder, genau zwischen seine Augen. Ich bin entsetzt über diese Gewaltsamkeit, sie entspricht mir gar nicht. Ich bin in Panik aufgewacht.»

Jetzt bin ich hellwach und ganz Ohr.

Etwas in der Mitte durchschneiden hat einen Bezug zum Symbol der Kreuzigung und klingt zugleich ein wenig nach Zerstückelung.

---

59 «Symbole der Mutter und der Wiedergeburt», *Symbole der Wandlung,* GW 5, Par. 352.

Beides symbolisiert das Leiden, das der Versuch, die Gegensätze zu unterscheiden und mit ihnen zu leben, hervorruft. Es ist ein integraler Bestandteil der Heldenfahrt. Jung schreibt in diesem Zusammenhang:

> Wer immer sich auf dem Weg zur Ganzheit befindet, kann jener eigentümlichen Suspension, welche die Kreuzigung darstellt, nicht entgehen. Denn er wird unfehlbar dem begegnen, was ihn *durchkreuzt,* nämlich erstens dem, was er nicht sein möchte (Schatten), zweitens dem, was nicht *er,* sondern der andere ist (individuelle Wirklichkeit des Du), und drittens dem, was sein psychisches Nicht-Ich, nämlich das kollektive Unbewußte ist.[60]

Norman macht sich noch immer keinen Begriff von seinem Schatten und hat erst recht kein Verlangen danach, es zu sein; der «andere» ist seine Frau, deren Wirklichkeit sich ihm entzieht. Und das psychische Nicht-Ich, das Unbewußte, ist das, was ihn ursprünglich hierher gebracht hat.

Der Riese war schon einmal da. Er steht für den enormen Affekt, der mit einem Komplex verbunden ist. In Normans Fall personifiziert er die Mutter. In anderen Träumen ist Norman von Riesen auf Bäume und in Abwasserkanäle gejagt worden. Einmal hat ein Riese seinen Fuß aufgefressen. Dieses Mal hat er sich zum erstenmal gewehrt.

«Gratuliere», sagte ich.

Ich glaube, er hörte mich gar nicht. Auch gut. Es ist vielleicht deshalb im Traum geschehen, als Kompensation, weil er es in Wirklichkeit nicht vermochte.

«Der nächste Tag war absolut heavy», sagte Norman. «Ich bin mit bohrenden Kopfschmerzen aufgewacht. Am Fenster waren Eisblumen. Ich betrachtete mich eingehend im Spiegel. Mir wachsen allmählich Haare aus der Nase.»

Du heiliger Bimbam, dachte ich, das treibt mich noch Beckett in die Arme zurück.

«Es lag nichts Wichtiges an, also habe ich mir den Tag freigenommen. Nancy schlief noch. Auf dem Eßtisch waren noch die Reste vom Vorabend verstreut. Ich verabscheue so was, wünschte mir, alles wäre sauber und ordentlich. Die Kinder wachten bestens

---

[60] «Der Tod», *Praxis der Psychotherapie,* GW 16, Par. 470.

gelaunt auf und lärmten herum. Ich habe früher Oropax in die Ohren gestopft, aber ich sage Ihnen, auch das hat nicht viel genützt.

Ich habe aufgeräumt und den Kindern ein Porridge gekocht. Ich selbst habe nur Orangensaft getrunken. Nancy mag es nicht, wenn ich das Frühstück auslasse. ‹Morgens braucht man etwas Warmes im Magen›, sagt sie. Das ist auch meine Meinung, aber es muß nicht gerade Porridge sein.

Ich brachte die Kinder zu Fuß zur Schule und schaute auf dem Rückweg bei Linda herein. Sie ist ein Fotomodell, wir spielen manchmal mit ihr und ihrem Mann Bridge.»

Norman seufzte. «Sie hatte Lust und ich auch, aber ich bekam wieder keinen hoch.»

Er verstummte. Ich beugte mich vor, um nur ja kein Wort zu verpassen.

«Als Nancy endlich aufstand, war ich schon wieder da und dabei, draußen das Garagentor zu reparieren. Sie hat mich seit Wochen gebeten, ich sollte mich darum kümmern. Die Scharniere saßen nicht richtig, das Tor schloß nicht mehr dicht. Die Sache war nicht leicht, aber ich habe sie erledigt.

Nancy hat den ganzen Morgen nichts gesagt. Ich bin oft genug an ihr vorbeigekommen, weil ich Werkzeug holen mußte, aber sie hat keinen Ton gesagt. Ich auch nicht, weil ich Angst hatte. Nancy kommt man besser nicht zu nah, wenn sie schlecht gelaunt ist.»

Norman machte eine Pause und fuhr dann fort.

«Ich habe immer diese glückliche Familie vor Augen, jedenfalls wirkt sie so, bis eines Tages der Ehemann Brötchen holen geht und nie wiederkehrt... Vorher nicht die Spur einer Unstimmigkeit. Nichts von Instabilität. Im Gegenteil, er ist stets gelassen, die Nachbarn sprechen mit Hochachtung von ihm, er hilft sogar beim Geschirrspülen. Und dann rennt er eines Tages schreiend aus dem Haus ... oder erscheint plötzlich auf dem Dach eines zehnstöckigen Gebäudes und droht, in die Tiefe zu springen, oder er verschanzt sich mit einem Sack voll Munition in einem Restaurant und schießt die Stammgäste ab ...

Nachmittags war ich schließlich butterweich. Ich mußte einfach mit ihr reden. Sie hatte ihre Holzschuhe an und arbeitete im Garten. Das ist Nancys sicherster Ort, ich nehme an, eine Art Temenos. Einige Blumenrabatten und ein kleines Gemüsegärtchen, mehr ist es nicht. Letztes Jahr habe ich ein paar Marihuanapflanzen gesät, sie wuchsen höher als der Mais. Ich bin kein leidenschaftlicher Hobbygärtner, aber ich grabe jeden Herbst und Frühling um, weil Nancy sagt, es wächst nichts, wenn der Boden nicht entsprechend vorbereitet ist.

Ich rauchte im Keller einen Joint. Kurze Zeit später fühlte ich mich mutig wie ein Krieger. Ich ging mit einer Pflanzschaufel zu ihr hinaus. Ich wollte mir den Weg in ihr Herz freikämpfen.»

Ich drehte mir eine Zigarette. Jetzt wird es unangenehm.

«Ich nahm eine Zeitschrift mit dem neuesten Horoskop mit. Nancy und ich haben vor ein paar Jahren einen Abendkurs in Astrologie mitgemacht, hatte ich Ihnen das erzählt? Ich zeichne das Horoskop, und Nancy deutet es. Sie besitzt Einfühlungsvermögen. Nancy ist ein Zwilling, ich bin Stier.»

Luft und Erde, das paßt nicht zusammen. Die Astrologie benutzt recht interessante Symbole, aber das hat mir auch nicht weitergeholfen, als ich selbst am Boden lag.

«Zuerst habe ich den coolen Typ markiert», sagte Norman. «Ich habe mich neben sie gehockt und ein bißchen Unkraut gerupft. Das finde ich sogar erholsam. Das Säen mag ich nicht, Samen in die Rillen zu legen ist harte Arbeit.

‹Irgendwelche Arbeiten, die ich für dich erledigen kann?› fragte ich.

Nancy starrte Löcher in den Boden, sie schaute mich nicht an.

‹Hier, hör dir das an›, sagte ich und nahm die Zeitschrift zur Hand: ‹Obwohl Ihr herrschender Planet Sie diesen Monat vor Schlingen und Giftpfeilen bewahrt, sollten Sie keine großen Risiken eingehen – hüten Sie sich vor emotionalen Spannungen. Sie setzen vielleicht Ihren Kopf durch, werden jedoch keine rechte Freude daran haben, besonders wenn jüngere als Sie betroffen sind.›

Das war mir bedeutsam erschienen, weil Nancy ein paar Tage älter ist als ich. Der nächste Satz lautete: ‹Der 28. verheißt gute Gewinne.› Ich habe ihn nicht laut vorgelesen, denn es war der 28.

Nancy zog ein Papiertuch aus dem Ärmel und schneuzte sich die Nase. ‹Das erfindest du doch nur›, sagte sie.

‹Ganz und gar nicht›, sagte ich und zeigte es ihr, ‹sieh selbst.›

Die Sonne ließ ihr Haar aufleuchten. Nancy hat etwas Aristokratisches an sich. Hohe Wangenknochen, feines Haar, glatte Haut. Sie ist eigentlich sehr hübsch, und ich mag sie deshalb.

‹Hast du deines gesehen?› fragte Nancy und las:

‹Unvorhergesehene Veränderungen werden entweder zu Anfang oder gegen Ende des Monats in Ihrem Leben stattfinden. Die häusliche Harmonie könnte eine Weile gestört sein, aber die Dinge nehmen in Kürze eine entscheidende Wendung. In der Zwischenzeit sind Reisen angesagt, die mit Vergnügen verbunden sind.›

Sie sah mich schräg von der Seite an. ‹Könnte das nicht Ferien bedeuten? Wir sind monatelang nicht fort gewesen. Valerie ist gerade aus Maine zurückgekommen. Sie sagt, es sei ein von Gott gesegnetes Land, und es gibt eine Menge wirklich schöner Campingplätze dort.›

Ich habe mich immer gegen Ferien mit meiner Familie gesträubt. Es tut mir ja leid, aber das war einfach nichts für mich. Man nimmt viel mehr mit, als man braucht, und alles, was man gerne hätte, ist zu Hause geblieben. Die Hotels sind nicht auf kleine Kinder eingerichtet, die Kleinen wollen nur auf den Betten herumtoben und die Knöpfe im Fahrstuhl drücken.

Zu Anfang habe ich mich noch zum Camping überreden lassen. Nancy liebt die Natur, sie ist gern im Freien. Die Kinder auch, aber höchstens zehn Minuten. Haben Sie je versucht, bei Regen in einem Zelt zu schlafen, wenn Sie vergessen hatten, den Fliegenschutz zuzuziehen? Oder es ist kochendheiß, und die Mücken schlüpfen durch die Löcher im Tüll herein? Sind Sie je um fünf in der Frühe aufgewacht, es ist noch stockfinster, und ein paar Kühe fressen gerade Ihre Klamotten auf? Mit einer ausgewachsenen Kuh ist nicht zu spaßen. Nancy weiß genau, was ich vom Zelten halte.

Ich hob die Hände hoch. ‹Frieden›, sagte ich, ‹ich muß dir etwas sagen.›

Nancy zog ihre Gartenhandschuhe aus und setzte sich ins Gras. Sie hatte kein Make-up aufgelegt und sich das Haar zu einem Knoten gewunden. Sie wirkte sehr zerbrechlich. Mein Herz flog ihr zu. Ich wollte ihr nicht weh tun. Ich konnte ihr ein neues Kleid kaufen, sie in die Oper einladen, ihr etwas spendieren – zum Beispiel ein Pfund Cashewkerne oder eine Schachtel Pralinen. Statt dessen kam ich zur Sache.

‹Ich mag es nicht, daß du dich mit Boris triffst.›

Das flötete ich nur so, den Umständen entsprechend. ‹Na schön, ich bin mit anderen Frauen zusammen gewesen, aber ich hör' auf damit. Ich glaube, das ist unsere einzige Chance. Ich will ehrliche Verhältnisse.›

Nancy betrachtete die Bäume, ihren braunen Kittel. ‹Du bist schon wieder high.›

‹Nur ein paar Züge›, sagte ich abwehrend.

‹Eines Tages sperren sie dich noch ein›, sagte sie. ‹Hast du denn überhaupt keine Gefühle für mich?›

Ich war sprachlos. ‹Wie meinst du das? Ich liebe dich. Ich kann bloß nicht so wie jetzt mit dir zusammenleben.›

Nancy biß die Zähne zusammen. ‹Ich mag es ebensowenig wie du›, sagte sie. ‹Mußt du mir deshalb die Schuld zuschieben?› Ihre Augen füllten sich mit Tränen. ‹Und was ist mit den Kindern?›

Ich fühlte mich kreuzelend. Ich weiß, daß es Nancys größte Angst ist, mit den Kindern allein gelassen zu werden. Ich glaube, sie hat sich nie davon erholt, daß ihr Vater abgehauen ist. Das tut mir ja auch leid, aber ich kann schließlich nichts dafür. Ich bin dageblieben.

‹Ich halte es nicht mehr aus›, sagte ich, ‹ich komme gerade noch damit klar, daß du nicht gern mit mir schläfst, aber daß du es mit jemand anders tust, ist einfach zuviel für mich.›

Nun, das brachte sie in Fahrt. Sie leugnete ab, daß Boris mehr sei als nur ein Freund. Sie warf mir meinen Argwohn vor und hielt mir eine Strafpredigt über die üblen Folgen der Eifersucht. ‹Es ist wirklich krankhaft bei dir. Ich kann doch meine Freunde haben. Ist das zuviel verlangt?›

Die Tränen flossen in Strömen. Verbitterung brach sich Bahn, Anschuldigungen folgten: meine Affären, ihre Einsamkeit, unter der sie still litt, ihre Schuldgefühle und Ängste. Vorwürfe, Groll, Feindseligkeiten. Wie kalt und lieblos ich wäre, wie herzlos und rigide, wie absolut mitleidlos. Ohne Verstand und ohne Gefühl. Wenn ich sie wirklich liebte, würde ich ihre Bedürfnisse verstehen usw. usf. Sie fuhr schwere Geschütze auf. Ich hatte nur meine Gartenschaufel.

Dann wurde sie ganz ruhig. ‹Noch etwas›, sagte sie, ‹in der Liebe bist du nach wie vor ein Tolpatsch. Du hast nichts dazugelernt. Du bist wie ein Tier. Du bist ein verdammt grober Klotz. Ich mag's lieber ein bißchen raffinierter. Man sollte wirklich meinen, du wüßtest das inzwischen!› Sie stampfte mit dem Fuß auf und wandte sich ab. ‹Ich weiß nicht, was ich noch mit dir machen soll, ich bin mit meinem Latein am Ende.›

Ich machte schlapp, brach zusammen. Ich hatte alles verloren. Mit gesenktem Kopf flüchtete ich mich in den Keller. Ich fand mich ekelhaft.»

Norman lehnte sich zurück und schlug die Hände vors Gesicht. «Was soll ich bloß machen? Ich kann nirgendwohin.»

Dieses Klagen versetzte mir einen Stich. Ich versuche, objektiv zu sein, aber ich bin nicht aus Stein. Ich legte den Arm um Norman und sagte, es würde sich alles wieder einrenken.

«Ein Gewitter reinigt die Luft. Jetzt, wo die Gefühle endlich heraus sind, ist alles möglich.»

Ich glaubte es zwar nicht, aber ich sagte es jedenfalls. Als Analytiker sagt man so manches, was man selber nicht glaubt. Irgendwie bleibt man dadurch komischerweise ehrlich.

7
Mitten im Nichts

«Der Atem stockt mir», sagte Rachel. «Was geschieht als nächstes? Wohin gehst du jetzt? Ich kann es kaum erwarten!»

Sie saß auf dem Sofa, mit untergeschlagenen Beinen, in einer Yoga-Stellung, die sie ganz bequem findet. Ich für mein Teil nicht.

«Ich bin nicht sicher», sagte ich, «wer dem Drachen begegnet und dann in den Keller flitzt, ist kein Held. Vielleicht sollte ich ihn eine Zeitlang dort lassen. Es könnte ja sein, daß er dahin gehört.»

«Ich finde, er hat doch auch Mut gezeigt», sagte Rachel. «Er hat es immerhin versucht. Er hat bloß einen Rückschlag erlebt, das ist alles.»

«Möglich, aber es geht mir jetzt selbst an die Nieren. Ich hatte eigentlich die Absicht, eine Midlife-crisis anschaulich darzustellen, aber nicht, noch einmal selbst eine durchzumachen.»

«Ich mag deine Dialoge», sagte Rachel, «die Szene im Garten ist köstlich! Ist es wirklich so abgelaufen?»

Ich wand mich in meinem Lehnstuhl. «Bei den Fakten habe ich mir einige Freiheiten erlaubt. Ein paar Versatzstücke aus der Vergangenheit. Aber es ist dem, was Norman zu diesem Zeitpunkt gefühlt hat, sehr ähnlich, und entspricht jedenfalls genau meinem psychologischen Verständnis.»

Rachel dachte nach. «Nancy ist nicht so ehrlich wie Norman. Warum gibt sie ihre Liebesaffäre nicht zu?»

«Wie bereits erwähnt, hat sie genausoviel in das gemeinsame Leben investiert wie er. Sie will es nicht aufs Spiel setzen. Natürlich weiß Norman inzwischen Bescheid, aber er kann ihr nicht wie ein Mann begegnen, weil er durch seinen Mutterkomplex lahmgelegt ist.»

«Und doch», sagte Rachel, «ich finde sie im Vergleich zu Norman sehr sympathisch. Er treibt es ganz schön arg. Den einen Augenblick ist er ein charmanter Don Juan mit blitzendem Schwert, den anderen ein Clown, und zum Schluß macht er sich zum Narren. Wie kann eine Frau damit leben? Warum hat Nancy ihn nicht längst verlassen?»

«Du mußt zwischen den Zeilen lesen. Vielleicht habe ich zuviel ausgelassen. Etwa in Kapitel 3, wo ich über den Animus schreibe? Da sollte deutlich werden, daß Nancy eine Projektion auf Norman überträgt, die etwas mit ihrem Vater zu tun hat; sie möchte in ihm den aufrichtigen, verantwortungsbewußten Familienvater sehen. Diesem Bild kann er nicht entsprechen, weil er zu sehr Puer ist. Andererseits ist er doch auch ganz brauchbar. Nancy glaubt immer noch an Norman, sie gibt die Hoffnung nicht auf.

Vergiß nicht, daß sie nach ihrer frühesten Kindheit keine Erfahrungen mehr mit ihrem richtigen Vater sammeln konnte. Das ist sehr wichtig. Sie hat kein kontinuierliches, ausgewogenes Animus-Vorbild, das ihre psychologische Weiterentwicklung fördern und sie toleranter gegenüber Männern sein ließe, Norman annehmen ließe, wie er ist. Die Lücke im Erleben des eigenen Vaters wird mit Phantasie gefüllt – mit Erwartungen, die sich vom archetypischen Vaterbild herleiten. Normans Rolle in ihrem Leben besteht darin, diese Phantasie Wirklichkeit werden zu lassen. Genaugenommen hat Nancy nicht einmal einen Vaterkomplex; vielmehr hat sie einen direkten Draht zum Vater-Archetyp.»

«Das ließe auf einen gewaltigen Animus schließen», bemerkte Rachel.

«Allerdings, ein schwerer Brocken. Norman hatte keine Chance. Goliath hat diesmal gewonnen.»

Diesen Satz fand ich gut. Rachel nahm offenbar keine Notiz davon. «Ich fürchte, Nancy ist ebensowenig bewußt, worin sie sich verstrickt haben, wie Norman», sagte ich, «und ebensowenig in der Lage auszubrechen. Sie ist wie die Spinnerin im Märchen, eine Mutterfigur, deren Imagination den Helden dazu anspornt, den Schatz zu finden. Genau da ist sie natürlich geleimt, denn sie *ist* die Mutter.

Dazu möchte ich noch ein paar Sätze sagen – über die Wirkung einer Projektion auf den Empfänger. Wie ich es sehe, wäre Norman nichts lieber, als der Mann zu sein, für den Nancy ihn hält oder als den sie ihn gern sähe. Das liegt daran, daß er sich mit ihr und ihren Bedürfnissen identifiziert. Das gilt allerdings auch andersherum: Nancy identifiziert sich mit der Mutter, weil *er* das braucht.»

«Klingt alles sehr kompliziert», sagte Rachel. «Die beiden tappen also im dunkeln.»

«Ja», nickte ich. «Schwer zu sagen, ob Nancys Erwartungen in Norman unrealistisch oder einfach nur unreif sind. Ich meine, vielleicht ist er einfach noch nicht alt genug. Wer weiß, vielleicht wandelt er sich zum charmanten Senex, wenn er erst einmal vom Puer genug hat.

Das ist natürlich alles reine Spekulation», fuhr ich fort. «Die wahre Tragödie spielt sich im Hier und Jetzt ab. Aufgrund ihrer Bindung an den Vater ist Nancy in ihrem Herzen ein kleines Mädchen. Sie ist Norman sexuell nicht gewachsen, weil sie sich geistig noch mit der Vatervorstellung identifiziert. Sie glaubt vielleicht, sie würde ihn richtig toll finden, wenn er ihrer Auffassung von dem, was ein Mann ist, entspräche – aber ich bezweifle das. Infolge des Inzest-Tabus wird sie nie mit Norman klarkommen, solange sie an ihrem Bild von Norman als Vater festhält. Sie kann ihn als Bruder nehmen oder auch als besten Freund, aber nie als Geliebten.»

«Und was ist mit Norman und seinem Inzest-Tabu?» wandte Rachel ein. «Wenn er so stark die Mutter auf Nancy projiziert, wie kommt es dann, daß er bei anderen Frauen oft impotent ist, aber nicht bei ihr?»

Rachel läßt mir nichts durchgehen. Das paßte anscheinend wirklich nicht in die Theorie, warum, wußte ich nicht.

«Nun ja», sagte ich schließlich, «was die Geschichte betrifft, stimmt es – so war es damals eben. Er konnte sie bis in den frühen Morgen bumsen, ohne Probleme. Über die psychologischen Gründe bin ich mir nicht ganz im klaren. Darüber muß ich erst nachdenken.»

Rachel blätterte durch das Manuskript. «Ich weiß nicht, ob dieser Teil so stehenbleiben kann», sagte sie gähnend, «wo du von deinen alten Aufzeichnungen und Schreibversuchen erzählst. Was hat das denn mit Norman zu tun?»

Darauf wußte ich keine Antwort. Ich hatte mir etwas dabei gedacht, aber es war mir wieder entfallen. Mir erschien es nicht fehl am Platz, aber ich konnte nicht sagen, warum.

«Und was ist mit diesem Nietzsche-Zitat?» fragte sie weiter. «Ich sehe auch nicht, was Rilkes Bemerkung über den Beistand soll. Der Kierkegaard-Spruch über die Gänse ist ja entzückend, aber wer ist eigentlich René Daumal?»

«Das sind meine alten Helden», sagte ich. «Vielleicht ist der Bezug nicht immer ganz klar, aber irgendwie haben sie sich einen Weg hier hineingebahnt. Dahinter steckt doch etwas. Synchronizität?»

Rachel lächelte etwas mühsam, ich merkte, daß sie im Begriff war, sich aufzulösen. Sie bleibt selten so lange.

«Norman hat in einer Scheinwelt gelebt», sagte ich, «er dachte, mit der Arbeit an sich selber hätte er die Sache ausgestanden. Da er endlich seine wahren Gefühle zu zeigen vermochte, meinte er, wenn er sie einfach zum Ausdruck brächte, würde seine Frau ihm wieder verzückt in die Arme fliegen. Dadurch kam die Szene im Garten zustande. Er hatte sich alles genau ausgemalt. Nur kam ihm nie der Gedanke, *ihre* Wirklichkeit könne anders sein. Er ist ihr gegenüber genauso blind wie sie ihm gegenüber.

Sein Absturz war vorprogrammiert. Es ist eine Regression, der Keller ist meine Metapher für das Unbewußte. Hast du das begriffen?»

Rachel antwortete nicht. Sie war schon fast verschwunden. Ich beendete die Sitzung.

«An Norman und Nancy ist nichts Ungewöhnliches. Sie haben einmal gut zusammengepaßt, und jetzt klappt es eben nicht mehr. Die Frage ist, was in diesem Fall zu tun ist. Ich nehme an, die Moral aus der Geschichte lautet, daß beide ein Potential haben, sowohl in sexueller als auch anderer Hinsicht, das sie jedoch gemeinsam nicht verwirklichen können. Lange Zeit habe ich gedacht, sie würden es zusammen schaffen. Auch Norman hat das gedacht, sonst hätte er es nicht versucht.»

Ich legte meine Aufzeichnungen beiseite und schaltete den Computer aus. Ich hatte zwar noch eine Menge zu alledem zu sagen, aber morgen war auch noch ein Tag.

8
Die transzendente Funktion

Der eine Teil des Opus besteht in der Einsicht, der andere im Ertragen und der dritte im Handeln. Psychologie ist nur nötig im ersten Teil, im zweiten und dritten aber spielt die Moral die Hauptrolle.

C. G. Jung, *Briefe,* Bd. 1, S. 463

Er hat Durst und ist von der Quelle nur durch ein Gebüsch getrennt. Er ist aber zweigeteilt, ein Teil übersieht das Ganze, sieht, daß er hier steht und die Quelle daneben ist, ein zweiter Teil aber merkt nichts, hat höchstens eine Ahnung dessen, daß der erste Teil alles sieht. Da er aber nichts merkt, kann er nicht trinken.

Franz Kafka, *Er* (S. Fischer, S. 217)

Norman erholte sich nicht so schnell. Er war zutiefst schockiert. Das Selbstvertrauen der letzten Monate war wie weggeblasen. Ich konnte es kaum glauben. Er fiel in eine ausgewachsene Depression zurück. Der Stein saß ihm wieder im Magen. Mir ebenfalls.

«Betrachten Sie das nicht als Fehlschlag», sagte ich fröhlicher, als mir zumute war. «Eine kleine Regression, mehr nicht, ein Beispiel für das *reculer pour mieux sauter,* wie Jung es nennt – ein Rückschritt, der um so besser vorwärts preschen läßt.»

Norman schaute skeptisch drein.

Er hatte versucht, seiner Frau zu erklären, wie er sich fühlte:

«Ich habe überall Schmerzen. Ich finde keine Ruhe mehr. Ich komme mir vor wie ein kleiner Junge, der sich im Wald verirrt hat.»

«Du bist ein erwachsener Mann», hatte Nancy gesagt, «du solltest dich nicht so anstellen.» Und sie hatte hinzugefügt, was ich eigentlich ziemlich herzlos fand: «Ich bin schließlich nicht deine Mutter.» Norman machte keinen weiteren Versuch.

In den nächsten Sitzungen hatten wir nicht viel zu lachen. Norman hielt die Termine ein, aber sein Lebensmut war gebrochen. Er war in schwärzester Stimmung. Ich wartete sehnlichst auf Informationen aus seinem Unbewußten, auf ein paar Fingerzeige, wie es weitergehen könnte, aber er achtete nicht mehr auf seine Träume.

Für lange Zeit starrte er nur noch die Wand an und seufzte. Er sah nicht einmal die Regenbögen.

«Norman», sagte ich, «reißen Sie sich zusammen.»

«Meine Hoffnung, mit Nancy wirklich etwas auf die Reihe zu bekommen, war blödsinnig», sagte er, «ich habe mich geirrt, ich bin nur das, was Sie hier sehen.»

«Und wie steht's mit dem Innenleben, mit der Lebenslust? Und mit Ihren Möglichkeiten?»

«Schon gut, ich komme wieder klar. Ich halte schon durch.»

Norman war zu diesem Zeitpunkt vollkommen von der Angst um seine Frau beherrscht. Er war doppelt so abhängig von ihr geworden und traute sich nicht, ihr auch nur das kleinste Widerwort zu geben. Er akzeptierte ihre Sichtweise von ihm. «Sie hat recht», sagte er, «ich bin ein Tier. Ich sollte eingesperrt werden.»

«Sind sie ‹nichts als› ein Tier?»

«Das Gefühl habe ich.»

«Sie erinnern mich an Kafka», sagte ich und las ihm einen Abschnitt aus den *Tagebüchern* vor:

> Bei einem gewissen Stande der Selbsterkenntnis und bei sonstigen für die Beobachtung günstigen Begleitumständen wird es regelmäßig geschehen müssen, daß man sich abscheulich findet . . . Man wird einsehen, daß man nichts anderes ist als ein Rattenloch elender Hintergedanken.[61]

«Klingt vertraut, nicht wahr? Und hier:»

> Im Grunde bin ich ein unfähiger unwissender Mensch, der, wenn er nicht gezwungen, ohne jedes eigene Verdienst, den Zwang kaum merkend, in die Schule gegangen wäre, gerade imstand wäre, in einer Hundehütte zu hocken, hinauszuspringen, wenn ihm Fraß gereicht wird, und zurückzuspringen, wenn er es verschlungen hat.[62]

Norman lächelte matt. «Ja, das bin ich.»

Ich wurde besorgt. Ich befürchtete das, was Jung die regressive Wiederherstellung der Persona nennt; dazu kommt es manchmal, wenn in der bewußten Einstellung ein tiefgreifender Zusammenbruch stattgefunden hat. Dieses Phänomen tritt nicht nur in der

---

[61] Franz Kafka: *Tagebücher 1910–1923,* S. Fischer, Frankfurt 1973, S. 287 f.

[62] Ebenda, S. 206.

Analyse auf. Das macht Jung am Beispiel eines Geschäftsmannes deutlich, der ein zu großes Risiko auf sich nimmt und bankrott geht:

> Wenn er sich von dieser deprimierenden Erfahrung nicht entmutigen läßt, sondern unentwegt seinen Wagemut beibehält, vielleicht mit einer heilsamen Dämpfung, so ist seine Wunde ohne Verstümmelung geheilt. Wenn er dagegen zusammenbricht, auf alles weitere Wagen verzichtet und seine soziale Reputation im Rahmen einer viel beschränkteren Persönlichkeit mühsam wieder zusammenzuflicken versucht, indem er mit der Mentalität eines erschrokkenen Kindes auf einem kleinen Pöstchen subalterne Arbeit verrichtet, die unzweifelhaft unter dem Niveau seines Könnens liegt, so hat er – technisch bezeichnet – seine Persona auf regressivem Wege wiederhergestellt. Er ist infolge des Schreckens auf eine frühere Entwicklungsstufe seiner Persönlichkeit zurückgerutscht, er hat sich verkleinert und gibt sich den Anschein, als ob er noch *vor* dem kritischen Erlebnis stünde... Vielleicht hat er früher mehr gewollt, als er vollbringen konnte; jetzt wagt er nicht einmal mehr das, wozu er eigentlich befähigt wäre.[63]

Ebenso könnte Norman von seinem Erlebnis vollkommen erdrückt oder zumindest für immer verstümmelt werden.

Verstümmelt zu sein, nämlich nicht mehr in gewohnter Weise funktionieren zu können, ist eine häufig gebrauchte Metapher für Menschen in einer Midlife-crisis. Ein an Leib und Seele gebrochener Mensch ist in der Tat verkrüppelt. Die Leute kommen «auf den Knien» zur Analyse gekrochen. Sie wollen wieder «auf die Beine» kommen. Jemand, dessen Hauptfunktion erschöpft ist, «schleppt sich mühsam weiter».

In Geschichte und Mythologie taucht das Motiv des Krüppels immer wieder auf. Da gibt es den lahmen Hephaistos, den Schmied der Götter; ferner den Fischerkönig aus der Gralssage; dann eine ganze Reihe von verwundeten mesopotamischen Königen; den teuflischen Pan mit dem Bocksfuß; Osiris, der sein Glied verlor; Harpokrates, den Sohn von Isis und Osiris; Mani, den Begründer des Manichäismus; den ägyptischen Gott Bes und viele mehr. Verstümmelt zu sein ist oft ein Zeichen für chthonische (der Unterwelt

---

63 «Individualität und Kollektivpsyche», *Zwei Schriften über Analytische Psychologie,* GW 7, Par. 254.

angehörende) Weisheit, wie in den Sagen von Zwergen und Daktylen oder von den Kabiren, Söhnen des Hephaistos.

Alles in allem ist das Verkrüppeltsein stets mit Helden verknüpft und solchen, die ein ungewöhnliches Schicksal haben. Deshalb machte mir auch nicht etwa Normans Verkrüppelung Sorgen, sondern die Möglichkeit, sie könnte nicht mehr heilbar sein.

Jetzt war wohl der Punkt erreicht, an dem auch in unserer Beziehung Klarheit geschaffen werden mußte. Das Selbstmitleid wurde mir zuviel. Eines Tages fragte ich Norman, ob er nicht lieber einmal pausieren wolle.

«Ich kann nichts mehr verdauen», erwiderte er, «aber kehren Sie sich nicht daran. Mir geht es sehr gut.»

«Oder vielleicht sollten Sie jemand anders aufsuchen.»

«Treten Sie mich ruhig, wenn ich am Boden liege», sagte er verbittert, «ich habe niemand anders.»

«Mir geht das alles auf die Nerven. Sie winden sich hin und her. Sie lesen nicht, Sie zeichnen Ihre Träume nicht mehr auf, und Sie haben nicht viel zu sagen. Und nichts Greifbares in Sicht. Nichts, woran wir uns festbeißen könnten. Ich kann Ihnen nicht helfen, wenn Sie sich nicht selbst helfen wollen.»

«Sie würden mich fallenlassen? Einfach so?»

«Ich bin nicht hier, um mit Ihnen Händchen zu halten. *Ich* bin auch nicht Ihre Mutter.»

Ich biß mir auf die Zunge, aber die Worte waren schon heraus. Sie hingen zwischen uns wie Banquos Geist.

Norman schloß die Augen und schwieg. Ich hatte nicht so weit gehen wollen. Rachel, dachte ich, warst du das?

Ich ging in die Küche, um unsere Gläser neu zu füllen. Drei Eiswürfel für Norman, vier für mich. Ich spritzte mir Wasser ins Gesicht und hing meinen Gedanken nach. Sieht so das Ende aus? dachte ich. Mit Heulen und Zähneklappern? Hat Norman keine Zukunft mehr?

Meine Gedanken schweiften zu unserer ersten Sitzung zurück. Damals hatte ich etwas in Norman gesehen. Ich wußte noch, daß ich geschrieben hatte: «Norman kommt gerade rechtzeitig, um mich daran zu erinnern, was ich einmal war und durch welchen Prozeß ich zum Jungschen Analytiker wurde.» Was hatte ich versäumt? Was von dem, das ich getan habe, könnte Norman unterlassen haben?

Ich zermarterte mir das Hirn.

Als ich ins Wohnzimmer zurückkam, graste Norman mein Bücherregal ab und rauchte eine Zigarette. Er hatte vor ein paar Wochen mit dem Rauchen aufgehört, weil Nancy gesagt hatte, es mache sie krank. «Du riechst wie Asche», hatte sie gesagt. Igitt!

Angesichts dieses kleinen Zeichens des Trotzes lebte meine Hoffnung wieder auf.

«Wovon handelt dieses hier?» fragte er und hielt John Sanfords *Unsere unsichtbaren Partner* hoch.[64] Er las den Untertitel: «Von den verborgenen Quellen des Verliebtseins und der Liebe.»

«Es handelt von dem, was Sie gerade durchmachen», erklärte ich.

Norman setzte sich wieder hin und lockerte die Schultern. «Also schön, ich versuch's noch mal. Was meinen Sie?»

Ich rieb mir die Hände. Die Sache belebte sich wieder.

«Haben Sie jemals gemalt?» fragte ich Norman.

«Keinen Strich mehr seit der zweiten Klasse», erwiderte er. Ich hatte auf einmal ein flaues Gefühl im Magen. «Ich wüßte nicht, wo ich anfangen sollte», sagte Norman.

Ich schlug ihm vor, sich Malwerkzeug anzuschaffen und zu zeichnen oder zu malen, wenn er in gedrückter Stimmung oder schlechter Verfassung war.

Bei der nächsten Sitzung entschuldigte Norman sich. «Ich habe es versucht», sagte er, «aber ein leeres Blatt Papier erfüllt mich mit Angst und Schrecken.»

Norman hatte mein Mitgefühl, denn bei mir hatte sich die gleiche Art von Blockierung gezeigt. Ein Freund hatte Rat gewußt.

«Versuch's mal so», sagte er, «nimm ein Stück Zeitung. Das ist nicht leer, nicht beängstigend. Lege einen Teller darauf. Zieh mit einem Stück Kreide, einem Farbstift oder einem Pinsel eine Linie daran entlang. Schau dir an, was du getan hast. Denk darüber nach. Dann nimmst du dir das Innere des Kreises vor. Du kannst alles machen, was dir gerade einfällt – Schnörkel, Gesichter, Dreiecke, Quadrate – einfach alles. Was es auch sei, du kannst alles zu Papier bringen.»

Bei seinem nächsten Besuch konnte Norman auf einigen Erfolg zurückblicken. Etwas beklommen zeigte er mir seine ersten Versuche.

«Ist ja wunderbar!» sagte ich begeistert, mit aufrichtiger Freude.

---

64 1986 in deutscher Übersetzung im Ansata Verlag erschienen.

«Was bedeuten sie denn?» fragte Norman.

«Das weiß ich nicht.»

Diese Art von Betätigung, die Jung als aktive Imagination bezeichnet hat, soll den Seiten der Persönlichkeit Ausdruck geben, derer man sich für gewöhnlich nicht bewußt ist – also eine Verbindungslinie schaffen zwischen dem Bewußtsein und dem Unbewußten. Solche Bilder müssen nicht unbedingt auf eine «Bedeutung» hin interpretiert werden. Man malt sie und lebt mit ihnen. Irgend etwas geschieht zwischen einem selber und dem, was man schafft. Es muß nicht in Worte gefaßt werden, um eine Wirkung zu entfalten. Manchmal behindert die sprachliche Umsetzung den psychologischen Prozeß.

Was mich betrifft, so wirkte es Wunder.

Nach der Trennung von meiner Frau wohnte ich in einem Souterrain-Apartment. Es war ein winziges Wohn-Schlafzimmer mit Bad, absolut niederschmetternd; ich habe oft geweint.

Ich befolgte den Rat meines Freundes, und schon bald waren die Wände mit meinen Zeichnungen bedeckt. Ich ging vom Zeitungspapier über Pappe zu feinem Zeichenkarton über. Ich machte von allem Gebrauch, was mir in die Hände kam: von Bleistift, Füller, Farben, Filzstiften, den Fingern. Meine Zeichnungen und Gemälde waren primitive Abbilder dessen, was zum Zeitpunkt ihrer Entstehung in mir vorging. Ich hielt sie gewiß nicht für Kunstwerke. Sie besaßen weder Stil noch Technik, und wenn ich sie mir heute anschaue, finde ich sie ziemlich grotesk. Leute, die zu Besuch kamen, warfen mir komische Blicke zu. Aber ich mochte meine Werke und hatte meine helle Freude daran.

Zur aktiven Imagination gehören Malerei oder Musik, Tanz oder Töpferei – wozu man gerade Lust hat. Man läßt der Energie freien Lauf und folgt ihr. Je weniger man auf diesen Gebieten gelernt hat, um so besser, denn Ausbildung ist dem freien Selbstausdruck hinderlich. Das schöpferische Tun öffnet dem Unbewußten einen Weg, ohne daß man gleich explodiert. Es ist gewissermaßen ein Gefäß; statt seinen Affekt anderen anzuhängen, behält man ihn für sich und übernimmt die Verantwortung für das, was in einem ist.

Auch das Schreiben ist eine Form der aktiven Imagination. Man tritt mit dem, was in einem vorgeht, in ein Gespräch. Man beschwört ein Bild herauf, personifiziert es und spricht mit ihm. Wie bei meinen Unterhaltungen mit Rachel. Man schreibt es auf –

damit es Wirklichkeit wird und einen Körper annimmt. Darin liegt der Unterschied zwischen der aktiven Imagination und einem Tagtraum. Was man nicht in Zeit und Raum fixiert, bleibt ein Luftschloß.

Für diejenigen, die sich in der Analyse befinden, ist die aktive Imagination, gleich welcher Art, eine gute Vorbereitung auf den Abschied. Man kann nicht ewig in der Analyse sein. Wenn die Zeit gekommen ist, Schluß zu machen, ist es gut, für den Weg gerüstet zu sein.

Nachdem Norman mit dem Malen und Zeichnen begonnen hatte, hörte er auf, sich zu bemitleiden. Er dachte auch nicht mehr darüber nach, was seine Frau wohl machte, wenn er nicht da war. Er konzentrierte sich auf sich selbst und auf seine Gefühle. Jedes Stimmungstief überwand er durch ein konkretes Bild oder ein Gespräch mit seiner Anima. Er bildete sich nicht länger ein, seine Frau sei für seine Seelenqual verantwortlich, sondern fragte sein Herz, warum es weh tat.

Auf seiner ersten Zeichnung war eine Frau zu sehen, die an einen Felsen gefesselt ist – das mit der Materie verbundene Weibliche (die Mutterbindung). Die psychologische Entsprechung ist das Stadium der Eva in der Anima-Entwicklung. Norman sah darin seine «Berg-Anima», denn er fühlte sich an Märchen erinnert, in denen die Prinzessin auf dem Gipfel eines Berges gefangengehalten wird.

«Sie ist wirklich süß», bemerkte ich dazu. «Aber sie hat keine Füße.»

Norman nickte. «Meine Gefühle sind bodenlos.»

Eines seiner ersten Gemälde war das klassische Bild einer Depression. Es zeigte einen Mann mit gebeugtem Haupt unter einer schwarzen Wolke. Ein Vogel flatterte über ihm.

»Was ist das für ein Vogel?» fragte ich.

Norman überlegte. «Mir kommt dabei ein Rabe in den Sinn.»

In der Alchimie ist der Rabe ein Sinnbild der *Nigredo* – sie stellt «den Zerfall, das Leiden, den Tod und die Höllenqual ... sichtbar vor Augen»[65], sie überschattet die Seele mit ihrer Melancholie – kurz: ein Zustand der Depression.

Wieder fiel mir eine düstere Passage aus Kafkas *Tagebüchern* ein. Ich schlug sie nach und zeigte sie Norman:

---

[65] «Rex und Regina», *Mysterium Coniunctionis,* GW 14/2, Par. 158.

Ich glaube nicht, daß es Leute gibt, deren innere Lage ähnlich der meinen ist, immerhin kann ich mir solche Menschen vorstellen, aber daß um ihren Kopf so wie um meinen immerfort der heimliche Rabe fliegt, das kann ich mir nicht einmal vorstellen.[66]

«Es ist das ‹Ich-Ärmster›-Syndrom», sagte Norman. Er war beeindruckt, seine eigenen Gefühle so gut ausgedrückt zu finden.

«Ja», pflichtete ich ihm bei, «gut verbrämt durch Inflation, durch das unbewußte Empfinden, etwas Besonderes zu sein – ‹niemand leidet so wie ich›.»

Norman sah mich mit großen Augen an. «Als ob Depressionen ihre Favoriten hätten!»

In den darauffolgenden Monaten brachte er alles ans Licht, was er finden konnte. Dann arbeitete er daran. Wenn er von einer Fahrt nach Hause zurückkehrte, spielte er mit seinen Kindern, packte sie ins Bett und ging in den Keller. Er wuselte nicht mehr um seine Frau herum in der Hoffnung auf einen Knochen. Sicher, er zog sich immer noch in den Keller zurück, aber nicht für einen Joint. Der Keller war seine Privatsphäre, der einzige Platz im Haus, an dem er allein sein konnte. Er war das Temenos, in dem er mit sich selbst zu Rate ging.

[66] Franz Kafka: *Tagebücher 1910–1923,* a. a. O., S. 339.

Jedesmal, wenn er zu mir kam, rückte er mit etwas Neuem heraus. Mit ein paar Zeichnungen, ein, zwei Seiten innerem Dialog, einem Traum, den er studiert, einem Buch, das er gelesen hatte.

Einmal kam er mit einem Paar männlicher Glieder aus Ton an. Das eine war ein winziges, verschrumpeltes Ding, das andere erigiert und kraftvoll. Wir stellten sie zwischen uns auf.

«Bud Abbott und Lou Costello?» fragte Norman.

«Oder David und Goliath», schlug ich vor.

Die Wandlung, die sich mit Norman vollzogen hatte, war beachtlich. Seine Gemütslage hatte sich gehoben. Er hatte wieder Sinn für Humor. Selbst sein äußeres Erscheinungsbild hatte sich verändert. Er hatte zwar seinen Schnurrbart behalten, aber den Kinnbart abrasiert. Er hatte sich eine Lederjacke zugelegt. Statt der feinen Modeschuhe trug er jetzt schwarze Lederstiefel.

«Ich spiele mit einer neuen Persona», sagte er mit einiger Genugtuung. Als ob ich blind wäre.

Ich sah in diesen Veränderungen nicht nur eine neue Persona, sondern ein äußeres Spiegelbild von Normans Schatten. Ganz allmählich glich er sich seiner anderen Seite an – sie kamen einander näher.

Mir ist klar, daß es etwas mit mir zu tun hatte, aber nicht viel. Meines Erachtens war die Arbeit, die er selbst leistete, viel wesentlicher als alles, was sich in der einen Stunde pro Woche zwischen uns abspielte. Ich warf ab und zu ein Wort ein, machte ein paar Bemerkungen und empfahl ihm Bücher, die er lesen solle. Doch Norman – oder irgend etwas in ihm – war inzwischen selbst im Besitz der Kontrolle. Ich war nur ein interessierter Zuschauer.

Die Art der Übertragung änderte sich. Norman erwartete nicht mehr von mir, ihm Antwort auf seine Fragen zu geben. Er stellte zwar immer noch Fragen, aber sie waren jetzt eher rhetorisch, so als rede er mit sich selbst. In seinem Innern war sein eigener Analytiker in Erscheinung getreten. Wir unterhielten uns von Mensch zu Mensch miteinander, wenn auch vielleicht nicht ganz von gleich zu gleich, aber doch eher wie Brüder, nicht wie Vater und Sohn.

Eine Sache, die als Teil von Normans Schatten zutage trat, war die Homosexualität. Für mich keineswegs überraschend, denn bei einem Mann mit einem starken positiven Mutterkomplex ist das der Gegenpol zum Don Juan. Läßt man das eine zurück, kommt man dem anderen näher.

Norman kam auf mehrere Träume zu sprechen, in denen er sexuell mit einem kräftigen Mann verkehrte, und er hatte lebhafte Phantasien. Das fand er sowohl spannend als auch besorgniserregend.

«Bin ich schwul?» fragte er. «Habe ich mich bisher bloß verstellt?»

«Ich weiß es nicht», sagte ich. «Finden Sie Männer in der Tat anziehend? Wollen Sie mit einem Mann schlafen?»

Norman runzelte mißbilligend die Stirn. «Ich bin nicht scharf darauf. Muß ich?»

Ich erklärte ihm, daß Träume und Phantasien dieser Art häufig vorkommen. Ich konnte selbst ein Lied davon singen.

«Betrachten Sie es einmal symbolisch», riet ich ihm. «Jener Mann ist Ihr Schatten, er will näherrücken. Es liegt bei Ihnen, ob Sie es ausleben wollen oder nicht. Sie entscheiden selbst.»

Durch all dies lockerte sich der Würgegriff des Mutterkomplexes allmählich. Das zeigte sich an einer neuen Einstellung seiner Frau gegenüber.

«Ich hatte kürzlich einen Traum», sagte er und las aus seinem Notizbuch vor: «Ich bin in einem Turm auf einem Berggipfel. Ich höre eine Geschichte von einem Prinzen und einer Prinzessin, die einander sehr lieben und dann Streit bekommen – sinnloserweise, wie sich herausstellt, denn sie leben danach glücklich und zufrieden zusammen.»

Oh, oh, dachte ich bei mir.

Norman lächelte reumütig. «Ich machte die Probe aufs Exempel. Um Mitternacht bin ich aus meinem Traum aufgewacht und hatte Lust zur Liebe. Ich war früh zu Bett gegangen. Nancy war noch auf und hantierte in der Küche herum. Ich bot meine ganze Überredungskunst auf, sie zum Zubettgehen zu bewegen. Sie war gar nicht so abgeneigt, wie mir schien. Ich zündete eine Kerze an und fing an, sie zu lieben.

Keine Reaktion. Sie hat mich nicht einmal geküßt. Ich machte weiter, bis sie ganz leise sagte: ‹Ich will eigentlich gar nicht.›

Ich ließ sie liegen und ging in die Küche, machte mir ein Schinkenbrot und dachte über die Sache nach. Wissen Sie was? Ich hätte es weiter versucht, aber ich brachte keine Erektion mehr zustande.»

Recht so. Ich war Norman für diese Information dankbar. Der Sohn-Geliebte ist im Grunde nur mit der Mutter liebesfähig. Sein Leben ist einzig darauf ausgerichtet, ihr Befriedigung zu verschaffen. Darum ist Norman oft bei anderen Frauen gescheitert. Nimm die Mutter fort, dann ist es ein ganz anderes Spiel mit neuen Spielregeln.

«Diese Frau gibt mir nicht, was ich brauche», sagte Norman.

Es kam ihm wie eine Offenbarung von den Lippen. Für mich war das nichts Neues.

«In den vergangenen zwei Monaten hat Nancy mir gegenüber auch nicht das kleinste Fünkchen Zuneigung gezeigt. Sie war nur mal ein bißchen freundlicher, mal ein bißchen weniger freundlich.

Ich bin in den Keller gegangen und habe meine Farbstifte hervorgeholt. Ich war völlig frustriert und dem Wahnsinn nahe. Ich habe mich etwa zwei Stunden lang ausgetobt.» Er reichte mir ein Blatt Papier. «Hier, das habe ich gemacht. Ich habe es Ihnen fotokopiert. Das bin ich, und das ist Nancy. Was sehen Sie da?»

Ich war starr vor Staunen. Norman und seine Frau waren an der Hüfte zusammengewachsen wie siamesische Zwillinge, aber er war dabei, in einen Kahn zu steigen. Seine Stiefel waren riesig – viel größer als die seiner Frau. Ich faßte das als Zeichen eines soliden Standpunktes auf. Die Feindseligkeit beider war eindeutig: Er hielt eine Flinte auf sie gerichtet, und sie war mit einem Messer bewehrt. Wieder war der Rabe da – Norman hatte sich noch nicht ganz aus dem Dickicht befreit –, aber die Mutter, dargestellt durch eine groteske Brust, verzapfte auf dem Bild bloß Unsinn.

«Blablabla», stand da.

Mir schien das alles auf eine Trennung hinzudeuten. Das erwähnte ich jedoch nicht, denn wenn es von mir kam, brauchte Norman nicht die Verantwortung dafür zu übernehmen. Er wäre vielleicht sogar versucht, seiner Frau zu erzählen, ich hätte es ihm angeraten. Er würde Papi dazu benutzen, Mami zu manipulieren. Er mußte seine Kämpfe schon selbst austragen. Ich spielte nur die Rolle des Sekundanten.

Außerdem konnte damit statt einer leiblichen auch eine nahe bevorstehende psychologische Trennung gemeint sein. So, als sollte ausgedrückt werden, daß Norman und Nancy sich lange genug gegenseitig auf den Füßen gestanden hatten.

«Sehr interessant», sagte ich, «Sie haben eine sehr eigene Technik.»

Einige Wochen später kam Norman voller Schwung in mein Büro gestürmt. Diese Extravertierten, dachte ich im stillen und fühlte mich lebhaft an Arnold erinnert. Sie setzen mich noch immer in Erstaunen.

«Ich verlasse Nancy», verkündete Norman.

Seine Zeichnung kam mir in den Sinn. Es würde ein schmerzhafter Bruch werden, ein tiefer Einschnitt.

«Was ist mit Ihren Kindern?» fragte ich. Dabei hatte ich wieder ein Gefühl wie der kleine Junge, der seinen Finger in das Loch im Deich steckt, um die Flut zu stoppen. Ich mußte es versuchen, auch wenn ich nicht davon überzeugt war, daß es helfen würde. Das Wasser sucht sich immer seinen Weg.

«Ach, die kommen schon zurecht», sagte er. Tränen traten ihm in die Augen. Er würde wohl immer verwundbar bleiben. «Nancy ist eine gute Mutter, sie wird sich um sie kümmern. Und ich werde sie natürlich oft besuchen.»

Ich hörte Norman zu und hatte selbst feuchte Augen. So geht das manchmal. Eben denkt man noch, man hätte sich unter Kontrolle und hielte sicheren Abstand, da überfällt es einen aus dem Hinterhalt.

Ich drehte mir eine Zigarette, während Norman von seinem Entschluß erzählte. Ich hörte ihm zu, aber ein Teil von mir war im eigenen Schmerz versunken. Das ging unter die Haut. Ich rief mir den schicksalhaften Abend ins Gedächtnis, an dem ich meine Frau und meine drei Kinder verließ. Das jüngste war sechs. Ich ging zur Bushaltestelle und nahm den ersten Bus, der angefahren kam. Ich weinte die ganze Nacht hindurch bis Syracuse. Und den ganzen Weg zurück. Damals habe ich das Souterrain-Apartment gemietet und die Wände mit meiner Seelenqual tapeziert.

«Haben Sie es Nancy gesagt?» fragte ich ihn.

«Ja. Sie hat geweint.» Norman kämpfte mit sich. «Sie ist darüber nicht glücklich ... Na schön, verflucht noch mal, ich auch nicht, aber entweder gehe ich, oder ich erschieße mich.»

Ob er das wirklich täte? fragte ich mich. Sicherlich mußte etwas in ihm sterben, aber Selbstmord war keine gute Lösung.

An der Tür wühlte Norman in seiner Aktentasche herum. «Das wollte ich Ihnen noch zeigen», sagte er. «Ich habe es gestern gemacht.»

Die Zeichnung, die Norman mir gegeben hatte, konnte einem weh tun, aber sie hatte auch etwas Beruhigendes. Er jonglierte mit einem Ball. Der Traum fiel mir ein, der mich in die Analyse getrieben hatte – der springende Ball, der von mir fort strebte. In Normans vorigem Bild war die Flinte auf seine Frau gerichtet; jetzt wies sie auf ihn selber. Eine Schlange ringelte sich aus seinem Mund und attackierte die Flinte.

Die Schlange ist generell ein Sinnbild des Unbewußten. Sie hat stets eine Doppelbedeutung und ist nur aus dem Zusammenhang zu verstehen. Hier wirkte sie auf mich wie etwas Hilfreiches, wie ein innerer Lebensdrang; sie kroch aus ihm heraus in die Welt, um sich der drohenden Gefahr zu stellen.

Norman wird überleben, dachte ich. Er oder etwas in ihm muß sich einfach den Wind ins Gesicht blasen lassen.

Ich betrachtete noch einmal Normans Zeichnung von sich und seiner Frau mit zusammengewachsener Hüfte. Jetzt entdeckte ich etwas, das ich zuvor übersehen hatte: Ein erigiertes Glied stand zwischen den beiden und zielte unmittelbar auf die miteinander verwachsenen Hüften ab, auf ihre symbiotische Verbindung. Es kam mir vor wie eine Woge phallischer Energie oder chthonischer Männlichkeit, die von unten empordrang. Genau das war nötig, wenn Norman je die Mutter loswerden wollte.

Ich legte seine Akte weg und schlief gleich ein.

Norman trennte sich tatsächlich von Nancy. Einen Monat nach seiner Ankündigung zog er aus.

Wie erwartet, war die Trennung nicht einfach. Der Entschluß war eine Sache; er war langsam in ihm herangereift und wurde als notwendig empfunden. Ihn auszuführen, in die Wirklichkeit umzusetzen war eine ganz andere Sache. Norman kam zweimal die Woche zu mir, voller Seelenqual – nicht wegen des Bruchs mit seiner Frau, mit dem er fertig werden konnte, sondern weil er die Kinder verlassen mußte.

«Wie könnte man beschreiben, was ein Vater fühlt, wenn er seine Kinder verläßt?» fragte ich Rachel. «Wie läßt sich solcher Kummer in Worte fassen?» Ich konnte mir nicht helfen, ich erstickte fast daran.

«Dafür haben wir kein Muster», sagte ich. «Demeter streift ruhelos auf der Erde umher und sucht ihre Tochter Persephone. Inanna beklagt den Verlust ihres Geliebten Dumuzi. Isis verliert fast den Verstand bei der Suche nach den sterblichen Resten des Osiris. In der Mythologie nehmen selbst die Jahreszeiten Anteil am Schicksal von Frauen, die verloren haben, was ihnen am liebsten ist. Wird von Männern angenommen, sie seien aus einem härteren Stoff? Ich kenne keine Sagen, wo sich ein Vater über den Verlust seiner Kinder in Kummer verzehrt. Saturn frißt seine Kinder sogar auf.»

Rachel sann nach. Ich schneuzte mir die Nase und wanderte im Zimmer hin und her. Ungeduld ist symptomatisch für die Puer-Psyche. Das wußte ich wohl, aber was sollte ich machen.

«Es ist seine Anima», sagte sie schließlich. «Sie ähnelt noch immer der Mutter, und deshalb vermißt er seine Kinder, wie sonst eine Frau.»

Das befriedigte mich nicht. «Vielleicht sehnt sich das Kind in ihm nach Sicherheit. Vielleicht identifiziert er sich mit seinen Kindern und deren Bedürfnissen.»

«All das und noch viel mehr», stimmte Rachel mir zu.

«Aber wie läßt sich diese Qual beschreiben? Die Schuldgefühle?» Ich rang die Hände und warf wilde Blicke um mich.

«Hör endlich damit auf!» sagte Rachel mit Bestimmtheit. «Du wirst sentimental.»

Die Stimme forderte Gehorsam. Ich blieb stehen und wartete.

«Ich glaube, es ist unmöglich», sagte Rachel. «Wenigstens nicht, ohne dein Temenos zu zerstören. Versuch's mal mit der allseits bekannten Einsamkeit.»

Ja, natürlich. Um nicht den Boden unter den Füßen zu verlieren, mußte Norman sich mit der Einsamkeit auseinandersetzen. Darüber konnte ich mit einiger Sachkenntnis reden. Ohne seine Kinder zu sein war für Norman «bloß» ein Unteraspekt seiner generellen Einsamkeit.

Alleinsein ist für Introvertierte relativ leicht. Ihnen mag es an dem richtigen Sinn für die Außenwelt mangeln, aber dafür haben sie im allgemeinen ein reges Innenleben. Introvertierte fühlen sich selten einsam, es sei denn, ihr extravertierter Schatten tritt auf. Extravertierte brauchen ständig Wirbel; dann sind sie in ihrem Element, und sie sind stets auf der Suche danach. Norman als typischer Vertreter seiner Zunft mußte lernen, mit sich selbst auszukommen.

Bis zu dem von ihm herbeigeführten Bruch hatte Norman keine persönliche Mitte. Er war auf seine Familie fixiert, eine geschlossene Einheit, die er als Ganzheit empfand. Ohne sie war er seinem Gefühl nach zersplittert. Sein Weggang von der Familie bewirkte eine schreckliche Spaltung zwischen Himmel und Erde, den Ureltern. Das ist das archetypische Motiv hinter den Reaktionen eines

Kindes, dessen Eltern sich trennen, und Norman beziehungsweise das Kind in ihm erlebte es genauso.

«Es ist die reine Hölle», sagte er zu mir. Er hatte eingekauft, Möbel, Bettzeug und Lebensmittel, er hatte alle Entscheidungen selbst treffen müssen. «So hatte ich es mir eigentlich nicht gedacht. Dieser Streß macht mich noch wahnsinnig.»

Norman hatte als erwachsener Mensch nie allein gelebt. Er hatte zwei Jahre in einem Studentenwohnheim zugebracht und sich weitere zwei Jahre mit ein paar Kumpeln eine Wohnung geteilt. Im Grunde war er vom Elternhaus aus gleich in ein Eigenheim gezogen mit einer Frau, in die er sich verliebt hatte, die er jedoch gar nicht näher kannte.

Ich war dankbar, daß Norman Nancy nicht wegen einer anderen Frau verlassen hatte. Wäre das der Fall gewesen, hätte sich das Ganze leicht wiederholen können. Bei ihm wie bei vielen vor ihm. Er brauchte Zeit für sich allein, Zeit, die potentiellen Gefährten in seinem Innern zu entdecken. Gücklicherweise war er gut gerüstet: mit seinen Träumen und Zeichnungen, die seine Stimmungen verkörperten, seiner aktiven Imagination.

Einsamkeit geht mit einem Gefühl des Preisgegebenseins einher. Kollektiv gesehen hat Einsamkeit einen Bezug zu den Kindheitserfahrungen von Göttern und göttlichen Helden – Zeus, Dionysos, Poseidon, Moses, Romulus und Remus usw. Das Motiv ist in der Mythologie so weit verbreitet, daß Jung das Preisgegebensein als «notwendige Bedingung, nicht nur Begleiterscheinung» des möglichen höheren Bewußtseins beschreibt, das im Kind symbolisiert ist.[67]

Ein Mann, der dabei ist, unabhängig zu werden, muß sich von dem lösen, worin er wurzelt: Mutter, Familie und Gesellschaft. Das gleiche gilt für die Frau. Manchmal vollzieht sich der Übergang unmerklich (zumindest scheint es so). Wenn nicht, stellt sich zweierlei ein: das «Ich-Ärmster»-Syndrom, typisch für die regressive Sehnsucht nach Abhängigkeit, und die innere Erfahrung des eigenen schöpferischen Potentials (der positiven Seite des Archetypus vom göttlichen Kind oder Puer), die ein neues Leben und spannende neue Möglichkeiten eröffnet.

Die Unvereinbarkeit dieser beiden Reaktionen löst einen Kon-

---

[67] «Zur Psychologie des Kindarchetypus», *Die Archetypen und das kollektive Unbewußte,* GW 9/1, Par. 287.

flikt aus, wovon jede Midlife-crisis zeugt. Der Konflikt ist der Preis, der für das Erwachsenwerden bezahlt werden muß. Er ist die Ursache der Spannung, die Norman aushalten muß: Einerseits sehnt er sich in die Vergangenheit zurück, und andererseits wird er unerbittlich einer unbekannten Zukunft entgegengetrieben. Es ist wie bei meinem Traumbild von der Spinne auf Skiern auf einer Rasierklinge – eine Gratwanderung.

Zu Anfang geht der Konflikt mit einem Gefühl der Einsamkeit einher, hinter dem das archetypische Motiv des preisgegebenen Kindes steht. Jung bemerkt dazu:

> Höheres Bewußtsein, als ein Wissen über das gegenwärtig Bewußte hinaus, ist gleichbedeutend mit *Welteinsamkeit*. Die Einsamkeit drückt den Gegensatz zwischen dem Träger oder dem Symbol höherer Bewußtheit und dessen Umwelt aus.[68]

Auch als er sich langsam auf sein neues Leben einstellte, kam Norman noch zu mir, aber es war klar, daß unsere gemeinsame Zeit sich dem Ende zuneigte. Durch die fortgesetzte Arbeit an sich selbst wurde er in jeder Hinsicht stärker.

Er brauchte mich nicht mehr, wie früher einmal.

Die besonderen Umstände, die bei einem Menschen in der Lebensmitte eine Krise auslösen, sind so zahlreich wie Sand am Meer. Allerdings sind sie einander auch ebenso ähnlich wie Sandkörner am Meer.

Sicher, sie sind stets im Zusammenhang mit der individuellen Psychologie eines Menschen und mit seiner Lebenssituation zu sehen. Doch hinter den Eigentümlichkeiten stehen allgemeine Denk- und Verhaltensmuster, die seit Anbeginn der Menschheit universell erfahren und ausgedrückt worden sind.

Durch die Erkenntnis dieser Muster oder Archetypen, wie Jung sie nennt, eröffnet sich eine Perspektive auf die irdische Realität. Das Wissen um die Archetypen oder um archetypische Muster ist eine Art Matrix, die sich auf jede individuelle Situation übertragen läßt. Für den Jungschen Analytiker ist es unerläßlich. Wie wir gesehen haben, ist Norman in mehrere solcher Muster verstrickt.

Wissen ist schön und gut, aber eine echte Heilung findet nicht im

---

68 Ebenda, Par. 288.

Kopf statt; sie vollzieht sich durch Einsichten, die auf Erfahrungen und Gefühlen beruhen. Jung schreibt dazu:

> Die Gefühlsbetonung ... nämlich bedeutet eine gewisse Gebundenheit an Existenz und Sinn der symbolischen Inhalte und daher auch eine Verbindlichkeit derselben für das ethische Verhalten, von welchem sich Ästhetizismus und Intellektualismus allzu gerne befreien möchten.[69]

Darum fruchtet der analytische Prozeß nichts, wenn er nur auf intellektueller Ebene vorangetrieben wird – und dazu gehört weitgehend auch die Selbsterkenntnis:

> Solange sich die Analyse auf der mentalen Ebene bewegt, geschieht nichts; worüber man auch diskutieren mag, es ändert nichts; aber wenn man auf etwas unter der Oberfläche trifft, dann steigt ein Gedanke in Form einer Erfahrung auf und steht wie etwas Greifbares vor einem ... Wann immer etwas auf diese Weise erlebt wird, weiß man sofort, daß es sich um eine Tatsache handelt.[70]

Solche «Gedanken in Form einer Erfahrung» haben verwandelnde Kraft, weil sie numinos, überwältigend sind. Sie führen zu einer ausgeglicheneren Sicht der Dinge: Wir sind ja nur menschlich, weder vollkommen gut (positive Inflation) noch vollkommen böse (negative Inflation), sondern eine homogene Verbindung von Gut und Böse. Dies erkannt und akzeptiert zu haben ist ein Anzeichen der integrierten Persönlichkeit.

Die Assimilation unbewußter Inhalte ist mit viel Arbeit verbunden. Sie erfordert Disziplin und ein konzentriertes Sich-Einbringen – und einen für das Numinose empfänglichen Sinn. Wie beispielsweise mein eigenes Interesse an der Bedeutung von Elefanten. Ich hätte ja auch den ersten beiseite treten können. Und Norman hätte sagen können, daß seine Selbstgespräche oder sein Spiel mit Farbstiften einfach reine Verrücktheiten waren.

Jung hat keine systematische Therapiemethode entwickelt, aber er hat die analytische Behandlung in vier charakteristische Stufen eingeteilt: in Bekenntnis, Aufklärung, Erziehung und Verwand-

---

69 «Die Reinigung», *Praxis der Psychotherapie,* GW 16, Par. 489.

70 *The Vision Seminars,* Spring Publications, Zürich 1976, S. 337f. (Übertragung ins Deutsche durch die Übersetzerin.)

lung. Im ersten Stadium schüttet man sein Herz aus, im zweiten wird man sich unbewußter Inhalte bewußt, im dritten lernt man sich selbst als soziales Wesen begreifen, und im vierten wandelt man sich – man wird dem ähnlicher, was immer in einem angelegt war. Darin zeigt sich mehr oder weniger die Entfaltung dessen, was Jung als Individuationsprozeß bezeichnete.[71]

«Nur das, was Einer wirklich ist, hat heilende Kraft», schreibt Jung.[72]

Wenn ich gebeten würde, meine Einstellung als Analytiker mit einem Zitat Jungs zu umreißen, wäre es dieses. In diesem einen Satz ist der ganze analytische Prozeß ausgedrückt. Norman ist nicht der erste, an dem ich beobachten konnte, wie der Prozeß sich entfaltet; er ist nur der eine, der mich zum Schreiben bewegt hat.

Was einer wirklich ist, kann er nur durch Aufrechterhaltung der Spannung zwischen den Gegensätzen entdecken, bis sich ein Drittes – das *tertium non datur,* das logisch ausgeschlossene Dritte, das Unerwartete – manifestiert. Dieses «Dritte», die transzendente Funktion, macht sich nicht unbedingt auf drastische Weise bemerkbar; es führt auch nicht unweigerlich zur leiblichen Trennung vom Partner, wie bei Norman. Dabei kommt es auf die jeweiligen Umstände an.

Immer jedoch repräsentiert es die kreative Intervention und Führung durch das Selbst, den Archetypus der Ganzheit, der in Jungs Modell von der Psyche die regulierende Mitte der Persönlichkeit darstellt.

Veränderung ist möglich. Sie erfordert Zeit, Mühe und eine gewisse Opferbereitschaft, aber sie liegt im Bereich des Möglichen.

---

[71] Siehe Marie-Louise von Franz: *C. G. Jung: Sein Mythos in unserer Zeit,* Huber, Frauenfeld u. Stuttgart 1972.

[72] «Individualität und Kollektivpsyche», *Zwei Schriften über Analytische Psychologie,* GW 7, Par. 258.

9
Das Ende vom Anfang

Die Ganzheit kann nicht bewußt sein, denn sie umfaßt auch das Unbewußte. Sie ist also ein, mindestens zur Hälfte, transzendentaler Zustand, daher mystisch und numinos. Die Individuation ist ein transzendentales Ziel . . .

C. G. Jung, *Briefe*, Bd. 2, S. 219

Ich nahm mit gemischten Gefühlen Abschied von Norman. Er war gutgelaunt erschienen, mit grellroter Krawatte und einem blauen Blazer.

Wir hatten Jubiläum. Vor zwei Jahren war er weinend in meiner Praxis aufgekreuzt. Meine Sekretärin hatte ihm Tee gegeben, und er hatte ihn auf seine Hose verschüttet.

«Ich habe gestern abend gefeiert», sagte er. «Ich war in der Oper. Ich habe zum erstenmal *La Bohème* gesehen. Du lieber Himmel, da war ja alles drin!»

«Tatsächlich?» sagte ich.

«Es handelt von einer kranken Anima», erzählte Norman. «Ich hatte schon immer was für zerbrechliche Schönheiten übrig. Puccini steigert das bis zum Extrem.» Er gestikulierte herum. «Ich sehe jetzt, was bei mir abgelaufen ist.»

Norman war inzwischen offiziell von seiner Frau geschieden. Er brach die Analyse nicht ab, weil er meinte, sie nicht mehr zu brauchen, sondern weil er andere Pläne hatte. Das Leben lockte. Psychologisch war er in ziemlich guter Verfassung, das heißt, er wußte, woran er noch weiter arbeiten mußte.

Er traf sich mit einer Frau, dachte jedoch nicht ans Heiraten.

«Wir haben zwar ein besonderes Verhältnis, aber ich bin glücklich mit meinem Alleinsein», sagte er leichthin, als wäre das gar nichts. «Sie liebt mich und zeigt das auch. Und ich kann es spüren.»

Er grinste von einem Ohr bis zum anderen. «Ich bin ein einfacher Junge vom Lande. Mehr habe ich eigentlich nie gewollt.»

Ich lächelte. «Sie haben es weit gebracht, Mister Charlie Brown.»

Ich machte kein Hehl mehr aus meiner Bewunderung, denn Norman hatte sie verdient. Im letzten Jahr hatten wir fast genausoviel durchgemacht wie im ersten. Er hatte den Bruch mit seiner Frau überlebt, weil er seinen Zustand ernst nahm und an sich arbeitete. Mehr kann man nicht verlangen. Ich jedenfalls nicht.

Norman war eine formlose Masse, als ich ihn kennenlernte, ein Wassertümpel, eine Schüssel voll Brei. Jetzt hatte er Substanz gewonnen. Das war seinem Körper anzusehen– der Art, wie er den Kopf hielt, wie er ging, wie er die Hände bewegte. Und seinen Augen.

Er strahlte eine ruhige Würde aus. Er akzeptierte sich. Meine Hochachtung!

Norman hatte einen Traum mitgebracht.

«Eine Frau mit einem Kind kommt auf mich zu. Es ist ein Junge, ein Jahr alt, vielleicht etwas älter. Die Frau ist mir irgendwie vertraut. Sie bittet mich um religiöse Unterweisung. Ich sage ihr, es müsse sich um eine Verwechslung handeln, ich sei kein Priester. Sie lächelt und übergibt mir das Kind. Ich wachte völlig verwirrt auf.»

«Welchen Reim machen Sie sich darauf?» fragte ich ihn.

«Ich nehme an, die Frau ist ein Aspekt meiner Anima, den ich noch nicht besonders gut kenne.»

Ich nickte. «Und das Kind bedeutet neues Leben, neue Möglichkeiten.»

«Sieh einer an», sagte Norman, «es ist gerade etwas über ein Jahr her, daß ich Nancy verlassen habe. Das dürfte doch die Geburt von etwas Neuem gewesen sein, nicht wahr – das Kind?»

Ich pflichtete ihm bei. «Damit würde die Empfängnis in die ersten Monate der Analyse fallen.»

Solche Träume sind nichts Ungewöhnliches. Das Unbewußte steckt voller Überraschungen. Oft scheint es außerhalb von Zeit und Raum zu sein, wie wir sie kennen. Aber manchmal spuckt es Bilder aus, die recht gut in den Ereignisablauf des Alltagslebens passen. Das ist die psychische Wirklichkeit.

«Was ist mit der religiösen Unterweisung gemeint?» fragte ich.

Norman zuckte die Achseln. «Ist mir ein Rätsel. Sie wissen doch, daß ich nicht in die Kirche gehe.»

Ich trat an mein Bücherregal und zog Band 11 von Jungs *Gesammelten Werken* mit einem Kapitel über Psychologie und Religion heraus. Ich blätterte darin, während ich sprach. «Jung war der Überzeugung, daß eine Neurose in der Lebensmitte nie ohne die Entwicklung einer religiösen Einstellung geheilt werden könne.»

«Ich bin Atheist», sagte Norman bestimmt.

«Wirklich?»

Ich fand den Abschnitt, den ich gesucht hatte. «Hören Sie sich das an: ‹Man könnte sagen, der Ausdruck ‹Religion› bezeichne die besondere Einstellung eines Bewußtseins, welches durch die Erfahrung des *Numinosum* verändert worden ist.›»[73]

Ich blätterte weiter. «Und hier schreibt Jung, daß ein Mensch in einer Konfliktsituation ‹auf göttliche Tröstung und Versöhnung angewiesen ist, ... ein autonomes seelisches Geschehen, eine Stillung nach dem Sturm, ein versöhnendes Licht in den Finsternissen des menschlichen Verstandes und die geheime Ordnung unseres seelischen Chaos›.»[74]

Norman wurde nachdenklich.

«Sehr interessant», sagte er dann, «so habe ich die Sache noch nie betrachtet.»

An der Tür umarmten wir uns. Norman war mir richtig ans Herz gewachsen.

«Kümmern Sie sich um das Kind», sagte ich noch, «und schreiben Sie, wenn Sie Arbeit haben.»

Wir schüttelten uns die Hände, und ich half ihm in den Mantel. Der Frühling war da, aber es war immer noch kühl. Der Schnee war noch nicht ganz weggeschmolzen, doch hier und da kamen schon Knospen zum Vorschein. Gestern hatte Arnold mir gesagt, es sei Zeit, die Pflanzen zu spritzen.

«Sagen Sie mir eins», sagte ich, «habe ich Sie beeinflußt?» Ich wurde rot.

Norman blieb wie angewurzelt stehen. Er drehte sich erstaunt zu mir um. «Natürlich. Die Richtung war mir klar, nicht aber, wie ich sie einschlagen sollte. Ich wäre immer noch ein Nichts ohne Sie.»

Ich hob abwehrend die Hände.

---

[73] «Psychologie und Religion», *Zur Psychologie westlicher und östlicher Religion,* GW 11, Par. 9.

[74] «Psychologische Deutung des Trinitätsdogmas», ebenda, Par. 260.

«Und hatte ich irgendeine Wirkung auf Sie?» fragte Norman seinerseits.

«Allerdings», gestand ich ihm, «manchmal ging mir tatsächlich die Luft aus.»

Norman strahlte. «Machen Sie keine Witze.»

Mit dieser Sitzung ging mein Arbeitstag zu Ende. In den vergangenen beiden Jahren hatte ich das Arbeitspensum drastisch verringert. Jetzt hatte ich oft ganze Tage für mich selbst Zeit, war vollkommen frei. Im Winter pflegte ich Squash zu spielen. An heißen Sommertagen lag ich lieber am Schwimmbassin und sah den Elefanten-Wolken nach.

Ich schlenderte in den Keller hinunter, ging die Papierstapel durch und betrachtete mir die Bilder. Es war höchst befriedigend. Ich dachte über Normans Wirkung auf mich nach.

Meine Langeweile war verflogen.

Aber das steht in einem anderen Buch.

Nachwort

Ich spülte das Geschirr und stellte es weg. Ich mag kein Durcheinander in der Küche zurücklassen, wenn ich ins Bett gehe.

«Was hältst du davon?» fragte ich.

Rachel hatte eben das letzte Kapitel gelesen. «Mehr, mehr», sagte sie. «Du kannst es doch nicht so lassen. Was wie ein Lehrbuch anfing, ist schließlich ein Roman geworden. Mich interessieren diese Leute. Ich wüßte gerne, was aus Norman geworden ist. Und aus Nancy, die du aufs Abstellgleis geschoben hast.» Sie machte eine Pause und fuhr dann fort: «Ganz zu schweigen von Arnold.»

Ich liebe Rachel, aber manchmal schießt sie über das Ziel hinaus.

«Es gibt noch offene Fragen», gab ich zu, «aber wenn ich den Faden weiterspinne, gerate ich zu sehr ins Detail. Dann würde Norman seinen Wert als Musterbeispiel für den analytischen Prozeß verlieren.»

«Wenn das so ist», sagte Rachel, «dann hast du den Bogen längst überspannt. Alles, was nach der Einleitung kommt, steht mit Norman und Nancy in Zusammenhang. Es wird zudem immer schwieriger, zwischen dir und Norman zu unterscheiden. Du bist schließlich Psychoanalytiker geworden. Norman auch?»

«Norman ist ein Geschäftsmann. Er ist ganz glücklich so, wie er ist.»

«Aber wenn du Norman bist oder warst», beharrte sie, «muß er Analytiker werden.»

«Hör zu», sagte ich, «es ist alles reine Erfindung. Es gibt keinen Norman, und es gibt keine Nancy. Sie haben nur Modellfunktion für das, was sich zwischen zwei Menschen abspielen könnte, die heiraten und eine Familie gründen. Nach ein paar Jahren hat einer von beiden eine Midlife-crisis und begibt sich in die Analyse. Die psychologische Situation ist real, der Rest Fiktion. Ich bin lieber dem Ehemann auf den Fersen geblieben, weil er mich an mich selbst erinnert, aber es hätte auch andersherum sein können – ich hätte mich auch der Frau anschließen können.»

«Erzähl das dem Richter», sagte Rachel.

Ich lächelte. «Kennst du das Grimmsche Märchen vom Meerhäschen?»

Rachel schüttelte den Kopf und schnitt ein Gesicht. Sie mag keine Ablenkungsmanöver.

«Dein Pech», sagte ich und knipste das Licht aus.

Ich brauche ihr ja nicht alles auf die Nase zu binden.

Der Autor ist allen, mit denen er je zu tun hatte, und besonders denen, die ihm nahegestanden haben, Dank schuldig für das Material zu diesem Buch. Die dargestellten Personen sind jedoch seine freie Erfindung.

Register

Ein hilfreicher Ratgeber bei Liebes- und Partnerschaftsproblemen

John A. Sanford
UNSERE UNSICHTBAREN PARTNER
Von den verborgenen Quellen des Verliebtseins und der Liebe

208 Seiten, mit einem Anhang über ‹Aktive Imagination› sowie einem Glossar der Jungschen Begriffe und Index, broschiert

ISBN 3-7157-0085-8

Liebes- und Partnerschaftsprobleme sowie Ehekrisen führen zu einem immer größeren Interesse an der Psychologie der Geschlechter. Es gab aber bis heute kein handliches und übersichtliches Buch, das C. G. Jungs wichtigste Ideen und Gedanken zu diesem Thema zusammenfaßte. Ausgehend von dessen faszinierender Anima/Animus-Theorie, welche zeigt, daß in jedem von uns Männliches und Weibliches vereint ist, gibt der Autor seine erstaunlichen und oft verblüffenden Erkenntnisse über die Geheimnisse des Verliebens und der Verliebtheit preis.

Anima und Animus sind jene unsichtbaren Partner, deren übermächtige und oft beflügelnde Kräfte in uns es zu entdecken gilt. Sie sind es, welche die Frage beantworten können, warum wir welche Partner gewählt haben. Sie sind die oft schmerzlich fehlenden Hälften in uns, von denen wir in überschwenglicher Verliebtheit beglückt und beseelt werden. Sie sind die anziehend magnetischen Pole, die beide Geschlechter einander näher bringen. Sie sind es aber auch im Stadium der Verliebtheit, die von uns unbewußt auf den geliebten Menschen projiziert werden.

Wird jedoch diese Verliebtheit einer gesunden Dosis Alltagsrealität ausgesetzt, in der sie sich bewähren müßte, bricht die ganze Phantasiewelt der Projektion zusammen.

Wie wir aber in dieser schwierigen Phase zu einer wahren und dauerhaften Liebesbeziehung finden können, in der wir den geliebten Menschen als *den* erkennen und annehmen, der er *ist,* zeigt der Autor mit vielen praktischen Hinweisen. Erst wenn wir echte innere Zuneigung und helfende Fürsorge in uns entwickelt haben und somit beziehungsfähig geworden sind, zeigen sich Anima und Animus von ihrer hilfreichen Seite und werden zu unseren wahren Partnern und Verbündeten.

John A. Sanford führt anhand zahlreicher Beispiele aus der Mythologie und der Geschichte, vor allem aber aus der täglichen Praxis, zu einem neuen Verständnis von Sexualität und Liebe.